維新と興亜

道義国家日本を再建する言論誌

令和5年3月号
【第17号】

崎門学研究会・大アジア研究会合同編集

題字
柳田泰山

維新と興亜

令和五年三月号

國體と政治
守るべき日本の価値

【巻頭言】岸田総理よ、日米地位協定抜本改定を求めよ

人体に有害と言われる有機フッ素化合物（ＰＦＡＳ）の一種ＰＦＯＳが、日本各地の米軍基地周辺で相次いで検出されている。沖縄県環境部環境保全課が二月十五日に公表した土壌調査の結果では、普天間第二小学校で採取した表土から、米軍基地のない糸満の一六・五倍のＰＦＯＳが検出された。汚染は沖縄だけではなく横田基地周辺などでも広がっている。

ＰＦＡＳを摂取した人の腎臓がんのリスクは二倍以上高まることが明らかになっている。国民の生命に関わる重大な問題だ。ただちに、米軍基地内への立ち入り調査を行って原因を究明し、汚染を食い止めるべきだ。ところが、日米地位協定がそれを阻んでいるのだ。

平成二十七（二〇一五）年には、日米地位協定を補足する国際約束として「環境補足協定」が結ばれたものの、基地内への立ち入りは「米軍から事故の通報があった場合」と「基地の返還前」に限られている。

嘉手納基地に近い比謝川では、すでに平成二十八（二〇一六）年に高濃度のＰＦＯＳが検出され、沖縄県企業局が米軍に立ち入り調査を求めたが、日本にはＰＦＯＳについて基準がないことを理由に、米軍は立ち入り調査を拒否した。その後、厚生労働省は令和二年四月に飲料水暫定基準を設定した。そこで企業局は同年五年五月に改めて立ち入り調査を求めたが、米軍は要請を無視したのである。

こうした中で、令和二年四月十六日には米軍普天間飛行場からＰＦＯＳを含む泡消火剤が大量に流出する事故が発生、環境補足協定に基づく立ち入り調査が実施された。

また、昨年九月四日に厚木基地で米軍格納庫の泡消火設備から大量のPFOSを含む泡消火薬剤が流出する事故が発生した。これを受けて、厚木基地内への立ち入り調査が昨年十月に実施された。しかし、立ち入りできたのは調整池だけで、格納庫や駐機場は確認できなかった。立ち入りに向けて米側に流出量なども問い合わせていたが、回答はなかったと報じられている。その進め方は米軍の裁量に委ねられており、日本側の希望通りに調査をすることはできないということだ。

結局、日米地位協定の壁に阻まれて、米軍に不都合な調査はできないということだ。つまり、日米地位協定を抜本改定し、米軍に国内法を適用しない限り、日本人の生命を守ることはできない。

西ドイツは、一九五九年、国内に駐留する外国軍の地位や基地使用に関する「ボン補足協定」を締結した。当初はこの協定でも米軍にドイツの国内法を適用することができなかった。しかし、一九八〇年代に環境や建築、航空などの国内法を外国軍に適用すべきだとする世論が高まった。そして、米ソ冷戦終結、東西統一を経て、一九九三年にドイツは米軍への国内法適用を強化する大幅な改定を実現したのだ。州や地方自治体が基地内に立ち入る権利が明記された。ドイツにできたことがなぜ日本にできないのか。

外国軍に国内法を適用できない状況は、国家主権が侵害されているということである。保守派こそ、地位協定の問題を主権侵害の問題としてとらえるべきである。かつて日本の保守政治家たちは在日米軍の存在を主権の問題として重く受け止めていた。例えば、中曽根康弘氏は昭和二十九年に次のように書いていた。

「七百に及ぶ米国の軍事基地の制圧により、国の防衛と治安が保たれているという情けない被保護国の状態を、速に脱却しなければならないという現状打破の精神が全国的に漲って来た」(『日本の主張』)

沖縄の本土復帰五十年を迎えた昨年五月、沖縄県議会の赤嶺昇議長らは、日米地位協定の抜本改定などを求める意見書を岸田総理に手渡した。岸田氏は「重く受け止め、しっかり時間をかけて分析し、検討させていただきたい」と答えた。

岸田総理はいまこそアメリカに対して地位協定抜本改定を求めるべきではないのか。

(坪内隆彦)

4年に一度の統一地方選挙が間近に迫ってきた。いうまでもなく地方自治体の将来を決定し国政にも影響を与える重要な選挙のはずであるが、投票率は回を経るごとに低下の一途を辿っている。

市町村議選の投票率（全国平均）は昭和最後の62年には68・89％もあったが、前回の平成31年は45・16％、都道府県議選は66・66％から44・02％まで落ちた。筆者が市議を務める浦安市の前回投票率は、市議選で37％、県議選ではわずかに34％しかなかったので全国平均をはるかに下回っている。普通は生活に身近な地方選挙の方が国政選挙よりも投票率が高そうなものだが、実際は圧倒的に低い。

投票率が下がっている理由は様々あるだろう。それはいまの政治に問題がないというよりも、「投票する候補者がいない」「選挙の争点が見当たらない」「投票しても変わらない」など、政治に対する諦めや無関心が強いだろう。あと、都市化の進行によって地域社会での関係性が希薄化し、地元への帰属意識が低下していることもあるだろう。

筆者は、地方自治体における政治意識の低下の大きな要因になっているのは、地方議会が党派や会派の論理にとらわれ、是々非々の真摯な政策的論議がなされていないことにあると考える。

本来、地方政治と国政政党は関係がない。国は議院内閣制なので、国会における第一党の党首が内閣総理大臣に指名されるのが通常である。これに対して地方自治は二元代表制なので、首長と議員は共に有権者の直接選挙によって選ばれる。このため、首長は地方自治における「大統領」として強い権限が付与されるのに対して、地方議会は首長とは完全に独立した対等な立場で対峙し、首長の予算執行（権力行使）を厳しく監視する役割が期待されているのである。

しかしながら、現実には地方政治においても、政党本位の選挙が行われている（特に都道府県議選）ため、同じ与党に属する首長と最大会派が癒着一体化し馴れ合いの温床になっている。地方議員は個人として選ばれるが、一度党派や会派に属せば個人の意見よりも組織の論理が優先される。その結果、地方議会における多数意見と有権者の民意が乖離を来たしやすくなるのである。こうしたことが、有権者の地方議会への諦めと無関心を助長している構造的要因に思えてならない。

かくして投票率が下がれば下がるほど、既成政党やその支持基盤になっている業界団体や宗教法人、労働組合などの組織・団体の影響力が強くなる。安倍元首相の暗殺で明らかにされた旧統一教会と自民党との組織的癒着は、自民党を支援する一部の宗教団体が政権に対して不当な影響力を持ち、民意を歪めている実態を浮き彫りにした。

そして、それは自民党だけの問題ではなく、労働組合の全国組織である「連合」を最大の支持母体とする立憲民主党とて同じことだ。連合が右を向けば右に揺れ左を向けば左に揺れ、政策的一貫性もなく、最近では恥じらいもなく政策の相容れない日本維新の会との野合を推し進めている。

このような既成政党と組織・団体とのしがらみが地方議会をも浸食し公正な政治を妨げているのだ。したがって、地方議会が二元代表の一翼としての本来の姿を取り戻し、政治に対する有権者の信頼を回復するためには、組織や団体の支援を受けた政党本位ではなく是々非々で議論ができる人物本位の選挙を実現することが第一歩である。

筆者はこの度の統一地方選挙で千葉県議選に出馬する。４年前市議に出馬したとき、東條内閣の独裁政治と対決して割腹自決した中野正剛の「天下一人を以て興る」の言葉を掲げて政治活動を開始した。そしてこれまでも、いかなる党派や会派にも属さず無所属の立場を貫いてきた。それは上述したように、特定の政党や組織・団体の代弁者ではなく真の意味での市民の代表者として市長や行政当局と対峙せねばならないと考えたからである。この姿勢は県政に行ったのちも貫くつもりだ。

引き続き政治の立場から道義国家日本の再建のために全力を尽す所存である。

本誌副編集長　小野耕資

　三浦瑠麗氏の夫である三浦清志氏に投資トラブルが浮上し、話題となっている。建設の見込みがない太陽光発電の建設計画を別の会社の代表に持ちかけ、出資金としておよそ十億円をだまし取ったことで刑事告訴されているというのだ。また、民事裁判の代理人となったのが旧統一教会の裁判を担当した弁護士であったことも話題を呼んだ（後に解任）。三浦瑠麗氏本人は「全く夫の会社経営に関与していない」とのコメントを出したが、本人が成長戦略会議で太陽光発電を推進すべきだと発言していたことまで報道されて、果たしてどこまで否定できるのかという印象を受ける。有識者会議の委員を選ぶ際に身内に利害関係者がいる人物は避けるのが公正な政治運営というもののはずだが、そうしたことは考慮されなかったらしい。そもそもこの三浦瑠麗氏の問題など氷山の一角というべきで、近年の政府の有識者会議は利益相反を疑われる人物によって主導されてきたともいえる。宮内義彦氏や竹中平蔵氏は、当時オリックスやパソナを主導する立場でありながら政府の有識者会議に参加し、同社に有利な政策を進めているのではないかという批判を受け続けてきた。

　このような政治の私物化ともとれる事態が頻発しているのは、新自由主義が行われることと無関係ではない。新自由主義ではあらゆるものの売買が肯定され、すなわち「政策を買う」ことも肯定される。カネを使い自らの企業に有利な政策を取ってもらうことも、当然の権利だというわけである。ここには「公僕」という感覚はどこにもない。選挙の度に浮動票によって大勢が決まり、党内における論争もなく官邸が公認権を独占している今の自民党は国民を政治に絶望させている。結果、政策を買う行為が半ば黙認され続けた。

　拙著『資本主義の超克』では、新自由主義化においては社会がなくなり市場に置き換えられていくことを問題視した。それは「公」の感覚の喪失である。新自由主義は経済における公の役割をあまりに軽視しすぎて、単純に民間事業者に任せ、市場原理に委ねればよりビジネスはうまくいくのだという安直な発想に基づいてきた。しかしそれは「どの規制を緩和するか」の選択権を持つ為政者とそれによって恩恵を受ける事業者のなれ合いに対する批判力を失うことにもなった。また、競争の激化は世界の労働者との競争をもたらし、賃金が上がらず成長が鈍化し、格差が拡大する。そうした中で苦労して新しい商品を開発するよりも、権力と結びつき安易に甘い汁を吸おうという発想が出てくるのは不思議ではない。しかしそれでは社会は無秩序化する一方ではないか！　そろそろいい加減にこの根本問題を真剣に考えるべき時ではないだろうか。

公共の側は国民（住民）を公平にとらえ、営利に関係なく同一のサービスを提供する義務がある。当たり前のことだが、そうした倫理意識、責任意識の喪失は根深いものがある。それはひいては義の喪失にもつながるだろう。日本人が真の意味での責任感を持つためには、信じる道義が必要だ。「ご先祖様がみている」とか「お天道様が見ている」とか、そういった素朴なものでもいい。自分の倫理観を形作る世界観がなければ、人間は利欲にとらわれてしまう。

頼山陽は『通議』で国家の患いは財政が乏しいことでも役人が怠慢なことでもなく、法令が徹底されないことですらないという。国家最大の患いは、士気が振るわないことなのだ。士気とは、一身を捨てて天下のために動く気骨である。これこそが国にとって一番大事なことだというのだ。そのために為政者は、権力にこびへつらう者ではなく、過ちを過ちだと堂々と言う人物をこそ大事にすべきだと説いた。まさに堕落した現代政治と真逆である。

特に近代以降、精神的価値を軽んじ、口では何とでもいえる、計量できる成果を出さなければ意味がないという感覚がはびこった。だが『論語』に「君子は義にさとり、小人は利にさとる」とあるとおり、利にさとる小人を生み続けたのが西洋近代の政治であり、それを極限まで加速させたのが新自由主義ではないだろうか。

ロシアウクライナ戦争の勃発によって、新自由主義グローバリズムの時代は急速に終わりつつある。張り子の虎と化したグローバリズムの次の時代は、「公」の感覚を取り戻すことから始められるべきなのだ。

靖国神社を見物に訪れた進駐軍兵士の一団（共同通信）

國體と政治
守るべき日本の価値

昭和二十年十二月十五日、ＧＨＱは日本政府に対して神道指令を発し、公的機関による神社への支援、資金援助を禁じた。さらに、「大東亜戦争」や「八紘一宇」など、国家神道、軍国主義的・超国家主義的とされる用語の公文書における使用も禁じた。こうしてわが国の國體思想は封印され、日本人は「日本本来の姿」「守るべき日本の価値」を見失ったのではないか。

主権回復後、國體派は國體思想の恢復を目指してきた。昭和五十年代には、生長の家政治連合、神道政治連盟などが元号法制化推進運動を展開し、昭和五十四年には元号法が成立した。

しかし、國體思想恢復の道のりはなお険しい。我々はいまなお、江藤淳の言う「閉ざされた言語空間」に

昭和53年10月に日本武道館で開かれた元号法制化実現総決起国民大会

置かれたままなのではないか。今回のインタビューで、参政党参議院議員の神谷宗幣氏は「私が国会の代表質問で水戸学の思想を語ろうものなら、大手のメディアが一斉に潰しにくるでしょう」と語っている。

アメリカの属国状態が続き、グローバリストがわが国の政策を乗っ取っているのも、日本人が「日本本来の姿」「守るべき日本の価値」を見失ったままだからなのではないか。本誌はこうした立場から、既存保守雑誌と一線を画し、國體を基軸に置いた論陣を張ってきた。第九号から第十一号では、「ネトウヨ保守雑誌の読者に問う！」と題した特集を組んだ。憲法改正や防衛力強化を強く訴え、対中強硬姿勢を鮮明にしている既存保守雑誌が、対米従属や新自由主義の問題点を語らないのは、國體観が欠如しているのではないかと考えたからだ。保守派言論だけではなく、政党、政治家にも同じことが言えるのではないか。保守政党と呼ばれてきた自民党、保守政治家と呼ばれてきた政治家に、果たして國體観はあるのか。國體観の回復を阻んでいるものは何なのか。

日本の価値基準を国際標準に

自民党衆議院議員　城内　実

國體を感覚的に理解することが重要だ

――　保守的な思想を持っている政治家は少なくありませんが、城内さんのようにしっかりした國體観を持っている政治家は非常に少ないように思います。

城内　私は、保守思想の根底には、しっかりした國體観がなければならないと考えています。左翼的なにおいすらする、いわゆる思考停止型保守、排外的保守、独善保守に陥らないためにも。

　幸い、私は大学四年生の時に父の友人でもある小堀桂一郎先生に初めてお会いさせていただいて以来、國體や皇室について考えるようになりました。ただ、國體についてさらに深く考えるようになったのは、平成十七（二〇〇五）年に落選した時からです。この落選時代に、高野山を訪れ、その後生まれて初めて伊勢神宮を参拝し、さらに古神道にも目覚めました。一月二十日の大寒禊を体験したのをきっかけに、日常的に禊行をするようになりました。現在もほぼ毎朝、風呂場で禊行をしています。ご皇室の弥栄、神の国日本の繁栄、世界人類の平和、森羅万象の幸福を祈り、禊祓祝詞を二回斉唱します。

「高天の原に神留《かむづま》ります　神漏岐《かむろぎ》　神漏美命《かむろみのみこと》以ちて
皇御祖神伊邪那岐命《すめみおやかむいざなぎのみこと》　筑紫日向の橘の小門《おど》の阿波岐
原に　禊祓ひ給ふ時に生《あ》れませる祓戸の大神達　諸々
禍事《まがこと》罪穢を　祓へ給ひ清め給へと白《まお》す事の由を　天津
神・国津神・八百万の神等共に天の斑駒の耳振立てて
聞し食せと恐み白す」

それから冷水を浴びて心身を清めるのですが、禊は交感神経と副交感神経のバランスをとるためにも非常に効果があるように感じています。

また、日頃から大倉精神文化研究所が編纂した『神典』とその解説書の『神典解説上・下』（山雅房）や、錦正社から刊行されている森清人謹撰の『みことのり』などに触れています。言霊や文字霊を通じて、日本の國體をより感覚的に理解できるようになるのではと思っています。また、伊勢神宮や全国津々浦々の神社や鎮守の杜に参拝し、神々が宿る日本の風土を頭ではなく、たましいで感覚的に理解することも重要だと考えています。

國體には言葉で説明し切れない部分があり、魂の成長とともに自ずと理解できるものだと思っています。もちろん、本居宣長、賀茂真淵、平田篤胤といった国学者の領域に到達できるとは思いませんが、そうした感覚を磨いていきたいと思っているのです。そうすることによって、神武天皇以来、二千六百年にわたり、百二十六代連綿と続いてきた天皇（スメラミコト）を頂点として、臣民の集合体である日本国民が共存共栄するのが、わが国の姿だということが、感覚的に理解できると確信しています。

憲法に書いてある、外国使節の接受などの国事行為も天皇のお役目の一つですが、祭祀の長として、高次元の高天原に御座します天照大神はじめ、皇祖皇宗と目に見えない繋がりを持ち、祈るということを通じて、神の国日本の繁栄のみならず、この地球の森羅万象、生きとし生けるものの平和と安寧を願うのが天皇の本来のお姿です。

近年、「魂の存在」を量子力学的に解明しようという研究がありますが、私には、「祈り」の力が高次元との世界との繋がりを通じて三次元の空間を浄化しているように感じます。

大嘗祭とは、新しい天皇とその高次元の世界が、血統的にだけではなくて、霊統的にも繋がることではないかと受け止めています。

――城内さんが掲げる「万民幸福」の政治という理念も、國體観に支えられているのですか。

城内　その通りです。政治は「政《まつりごと》」ですから、政治のあるべき姿は、直接神々の世界に思いをいたし、神々のご意志を忖度し、自然との調和や、争いをなくすといったことを願いながら行うものだと思います。

万葉集にある舒明天皇の御製、

大和には　群山《むらやま》あれど　とりよろふ　天の香具山《かぐやま》　登り立ち　国見をすれば国原は　煙立ち立つ　海原は　鴎《かまめ》立ち立つ　うまし国ぞ　蜻蛉島《あきつしま》大和の国は

には、「万民幸福」の政治のイメージが示されていると思います。

言葉に宿った魂が重視される国柄

――GHQの占領政策によって、戦後日本人は國體観を喪失してしまいました。

城内　戦後、わが国の祝祭日も封印されてしまいました。四大節と呼ばれる四方拝（一月一日）・紀元節（二月一十一日）・天長節（四月二十九日）・明治節（十一月三日）や新嘗祭（十一月二十三日）に象徴されるように、祝祭日は国柄に繋がる極めて重要なものです。ところが「紀元節」は「建国記念の日」、「天長節」は「天皇誕生日」、「新嘗祭」は「勤労感謝の日」、「春季皇霊祭」は「春分の日」、「秋季皇霊祭」は「秋分の日」になってしまいました。

キリスト教やイスラム教にもそれぞれの宗教に関わる祝祭日があり、それらが重視されています。我々も国柄に繋がる本来の祝祭日を取り戻すべきです。

日本人の価値観を維持するためには、教育が非常に重要だと思います。私は小学校一年から四年まで西ドイツで教育を受けたからこそ、逆に自分が受けている教育を絶対視することなく、常に「本当にこれでよいのだろうか」と自問自答してきました。私はメディアの報道などにも影響されることなく、中学生の時から戦前のレコードを聴くようになりました。レコードを聴いて、その時代の雰囲気をレコードの音源、レーベル、歌詞カード、袋などから感じ取ることによって、日本人本来の価値を理解するようになったのかもしれません。

私は、英語を教育するなとは言いませんが、小学生から英語を学習するなどということはあまり意味がないことだと思っています。英語の前に国語をしっかり学習することが重要です。万葉集などの古文もしっかり学び、言霊とは何かをまず幼いころに感覚的に理解できるようになる必要があると思います。文字にも文字霊があるように感じます。わが国は、言葉に宿った魂が重視される国柄なのです。俳句や短歌に示される言霊は、高天原で使っている言語が地球に降りてきているのではないかとさえ私には感じられるのです。

―― 皇位継承についてはどのように考えていますか。

城内 わが国の歴史を振り返ると、一時的、緊急避難的に女性天皇の時代もありましたが、基本的に男系で続いてきました。現代的な価値観を適用して女系天皇を容認するような考え方には賛成できません。

―― 令和の新元号が事前公表されたことについてはどう考えていますか。

城内 これは、私の國體観とは相容れません。旧皇室典範は「践祚ノ後元号ヲ建テ…」（十二条）と規定していました。今回は崩御を伴わない新元号でしたが、過去の例を見れば、天皇が崩御された後、喪に服した後、新しく天皇になられた方がお決めになるのが本来の在り方です。「システム改修などの時間を確保するために、新元号を事前に公表する必要がある」といった主張がありましたが、元号は利便性を優先して考えていいほど軽いものではありません。

議員会館事務室には立派な神棚が

―― 憲法についてはどのように考えていますか。

城内 明治憲法に復元すべきという意見がありますが、明治憲法はプロシアの憲法を手本にして作られたものです。私はむしろ不文憲法にすべしという方々の意見も傾聴に値すると思っています。もともと我が国は、みことのりによって成り立つ国柄です。成文憲法には「日本は万世一系の天皇を戴く国家である。男系継承を維持する」とだけ書けば十分だという考え方もあるでしょう。

精神文明の時代が訪れる

―― 明治という時代をどう評価していますか。

城内 急速な近代化によって、わが国は富国強兵を進め、日清戦争、日露戦争で勝利することができましたが、その反面、近代化し過ぎたことによる弊害ももたらされました。その功罪をきちんと考える必要があります。先の大戦に敗れて、アメリカに占領された時から、日本人の感覚、日本の国柄は大きく変えさせられてしまったと思います。とは言え、日本人にはご先祖様から引き継いだＤＮＡが刻まれていると考えていますから、私はかなり楽観的です。

戦後のアメリカ化による歪み、これまでの価値基準の間違いに気づいている人たちも増えています。特に参政党の支持者の人たちの中にもそれに気づいている人がいるようです。

世界は今後大きく変わってくるでしょう。すでに物質文明は限界にきており、今後は精神文明の時代が訪れるでしょう。マネーや軍事力といった一段次元の低いパワーで地球を支配したり、コントロールしたり、破壊したりするのではなく、愛国心や郷土愛、家族愛、人類愛を重視し、平和や環境、健康といった目に見えないものの価値を大事にする時代が来ると思っています。

戦後、日本人自身が欧米化してしまいましたが、一部の国が作った自分たちに都合の良いグローバルスタンダードではなく、日本人自身が忘れてしまった日本の価値基準をこそ、これからの国際標準にすることを目指すべきではないでしょうか。縄文時代以来続いている日本人の和の精神や共存共栄型の社会、多様な価値観を認め合う考え方を、新しい国際標準にしていきたいのです。ある時、「わが地球及び宇宙は多様性と多次元性を発揮しつつ、憎悪やうらみを超えて、長期的には愛と感謝と調和に向けて収束する一つの生命体である」という考え方を閃きました。こういう考え方を大事にしていきたいと思います。

自由主義体制のアメリカと共産主義体制の中国は、政治体制は異なりますが、依然として軍事力とマネーの力に頼っている点では共通しています。こうした次元ではなくて、伝統文化を重視し、健康、環境、平和といった価値を大切にする時代が来るのではないでしょうか。すでに来ているのではないかと思います。

だからこそ、日本の国柄、國體について思いをいたし、日本人とは何か、皇室とは何かを、理屈で考えるだけではなく、古事記などの神典を読んだり、伊勢神宮に参拝したりすることによって、感覚によって捉えることが重要だと思います。

哲人政治が日本を救う！

参政党参議院議員 神谷宗幣

日本の政治は非常に危険な状況にある

――崎門学や水戸学の國體思想を基軸に据える本誌は、「天皇親政こそわが国本来の姿である」という考え方を追求しています。こうした考え方について、神谷さんはどう思いますか。

神谷　もちろん、国民に信を問うべきだとは思いますが、私は今の民主主義が決していいものではないと繰り返し述べてきました。目指すところは、古代ギリシアで唱えられた「哲人政治」だと思っています。哲学がある人がきちんと政治をやった方がいいという考え方です。

民主主義が行きつくところはポピュリズム政治であり、すでにわが国は「今だけ、金だけ、自分だけ」という政治に流されています。日本の政治は、非常に危険な状況にあると考えています。

哲人を選ぶ方法は二つあります。一つは選挙で選ぶという方法、もう一つは日本の國體に沿って再び天皇陛下にお願いするという方法です。私は日本の天皇陛下の多くが哲人政治家であったと考えています。ただし、私はいきなり天皇陛下による政治に戻すべきだと主張しているわけではありません。そこに戻すなら国民への教育と理解のプロセスが非常に重要だからです。いずれにせよ、哲人政治は現在の日本を救う一つのキーワードになるのではないかと私は考えています。

――統帥権を天皇陛下に奉還すべきだと思いますか。

神谷　統帥権を持つのは総理大臣よりも天皇陛下の方が適任だとは思います。ただ、それを天皇陛下に委ねるかどうかを決める際にも、しかるべきプロセスを経る必要があると思います。

――例えばイギリスの場合には、名目的であれ国王が軍の最高指揮官になっています。日本の場合にも、自衛隊の志気を高めるためには精神的な拠り所が必要になってくると思います。そうした意味では、最高指揮官には天皇陛下になっていただくべきではないでしょうか。

神谷　同感です。日本人はコロコロと変わる「総理大臣の指示で戦え」と言われるよりも、「天皇陛下の指示で、日本のために戦え」と言われた方が、「よし、戦おう」という気持ちにはなるはずです。名目的でも天皇が軍隊の最高指揮官になっていただくことは非常にいいと思いますし、軍隊の志気は十倍ぐらい上がると思います。

――国家の根幹を規定する憲法の改正についても、陛下のご英断を仰ぐ形で進めていくべきではないでしょうか。

神谷　その質問もまた、哲人政治家の話に行きつくのですが、そうしたプロセスを経ることが理に適っていると思います。何でもかんでもみんなで決めることが必ずしも善ではないと、私は考えています。国家の根幹に関わる決定は、「国民全体のために」という理念が絶対にぶれない人に任せるべきだと思います。

日本の政治家も、いつ外国勢力に取り込まれるかわかりません。外国勢力に取り込まれた人たちが全てを決めていいとなれば、国家は簡単に外国勢力に乗っ取られてしまいます。しかし、天皇陛下が外国勢力に取り込まれるリスクは、政治家が取り込まれるリスクより何倍も少ないと思います。

哲人政治家に国家の基軸を守っていただくことは、国防上も非常に重要だと思います。国家の根幹に関わるような部分に関しては、天皇陛下のご裁断を仰ぐと規定しておくことは国防上も重要であり、国民の幸せにも繋がると思っています。

御製を読み、神話を学ぶことが重要だ

――戦後、日本人の尊皇心が失われてしまいました。

神谷　もはや尊皇心が全く残ってないように思います。

――どうすればそれを取り戻せるのでしょうか。

神谷　難しいですね。歴代天皇の御製をしっかりと読み解いていくことが重要だと思います。御製を読むことによって、例えば、何かが起きた際に天皇陛下がどのようなお気持ちでいらっしゃったかを拝察することができます。「あるべき國體とはこうだ」というところから入っていくよりも、御製から大御心を読み解いていく方が入りやすいと思います。それによって、いつの時代も国民が安らかに暮らせるように祈り続けてくださっている天皇の御存在を知れば、感謝の思いが湧いてきます。

――学校教育で日本の神話を教えることについてはどう考えていますか。

神谷　学習指導要領にも書いてありますから、しっかりと教えるべきだと思います。それが事実だったかどうかということではなく、日本人の考え方、ものの捉え方という意味で神話を学ぶことは重要だと思います。神話を知らなければ、天皇、皇室が元々どのように誕生したのかという物語、ストーリーがわかりません。それがなければ、皇室に対する理解も進まないし、愛着も湧かないと思います。

ストーリーがあるからこそ、日本人は何千年にもわたり皇室を大事に守ってきたのです。つまり、神話というのは民族の歴史であり、その根っこの部分を抜いてしまえば、民族は滅びるのです。だから、神話は必ずきちんと教えるべきだと思います。

――教育勅語を復活すべきだと思いますか。

神谷　本来は、教育勅語がなぜ作られたのか、井上毅らがどのような思いでそれを作ったのかというところから学び、教育勅語の復活を目指すべきですが、それを主張すると、拒否反応を示す人も少なくありません。多くの人が、教育勅語は軍国主義だと思い込んでいるため、教育勅語の復活には時間がかかるでしょう。したがって、教育勅語に書いてあるような考え方を、国民の理念として教育に取り入れるべきだと思います。

國體論を口にできない言論空間

――水戸学の國體思想なども重要な思想だと考えていますか。

神谷　現在は、そうした考え方になっていますね。水戸学の根本、エッセンスは非常に重要であり、水戸学に流れる精神も残していくべきだと考えています。ただ、水戸学そのままでは多くの国民には伝わらないので、現在の状況に言葉を置き換えて伝えていく必要があると思っています。

―― 政治家の國體観が失われているように思います。

神谷　その通りですね。國體観は持ってはいけない、國體観を持つ人は危険人物だから、そうした人は排除しなければいけないといった風潮が政治の世界にあるように思います。例えば、私が国会の代表質問で水戸学の思想を語ろうものなら、大手のメディアが一斉に潰しにくるでしょう。政治家の中には國體観を持っていても、それを出すと叩かれるので、あえて出さない人もいると感じています。国会議員が心情を吐露できないような言論空間を、メディア、国民世論が作り上げているのではないでしょうか。

日本の敗戦後、ＧＨＱによって日本の國體思想が封印された流れが、今も続いているように思います。

小学校からの教育が重要だ

―― どうすれば国旗・国歌への尊敬を取り戻せると思いますか。

神谷　小学校からの教育が非常に重要だと思います。私が国旗に対しても、国歌に対しても敬意を持っているのは、小学生の時にそれをしっかり教わったからです。国旗を地べたに置こうものなら、先生から叩かれたほどです。国旗には正しい畳み方があるということも、小学校できちんと教わりました。「君が代」の斉唱の仕方だけではなく、「君が代」の歌詞の意味についても教わりました。

国旗・国歌に尊敬の念が持てない人たちは、決して国を守ろうとはしません。だからこそ、小さい頃からその道理を教える必要があると思います。例えば、社会科の教科書の冒頭に、国旗と国歌を載せ、なぜ日本人が国旗と国歌を大切にしてきたのかということを、しっかり教えるべきです。

―― 小学校できちんと国旗・国歌への尊敬の重要性を教えられたのは、珍しいケースのようにも思います。

神谷　私が育った福井県では、それが普通だったと思います。だから私は、大阪府吹田市議会議員になった時、「日の丸や君が代を悪く言う先生がいる」とか、「音楽の教科書の君が代のページにプリントを貼ってい る」といった話を聞いて、驚いたことがあります。教育委員会の人にそうした現状について議会で質問してくださいと言われ、質問しました。すると、共産党の議員やその支援者の方から強い批判を受けました。彼らは、日の丸は軍国主義の象徴であり、日の丸の赤は血の色だなどと言うのです。教育の影響は恐ろしいと、つくづく感じました。

モラロジー研究所に入っていた父の教え

神谷　ただ、実は私も高校生の頃までかなり左派的な考え方を持っていました。皇室を蔑ろにするような考え方を持った先生の影響もあったのかもしれません。ところが、海外に行った時に、外国人に対して日本のことを十分説明できず、「これは日本人としてまずい」と強く思ったのです。

日本に帰ってきてから、小林よしのりさんの『戦争論』など、保守派の論客の本を読むようになりました。その時、「自分がいま学んでいる考え方は、父親が言っていたことと同じだ」とふと気づいたのです。私が二十四〜二十五歳の頃だったと思います。父親はモラロジー研究所に入っていたのです。モラロジー研究所は、廣池千九郎が大正十一（一九二六）年に創立した道徳科学研究所を起源とする修養・道徳団体です。父親だけではなく、祖父も叔父もモラロジーに入り、勉強していたのです。私は、幼い頃には親父はなんか変わったことを言っている、古めかしいことを言っていると感じて、理解しようとはしなかったのです。しかし、二十代半ばでようやく父親の言っていたことの意味がわかったのです。ある日、それを父に伝えると、父は何も言わずに喜んでいました。

男性の皇位継承者を増やすことが先決

――　皇位継承の議論についてはどうご覧になっていますか。

神谷　皇位継承に関しては、国民がとやかく言うべきことではないと考えています。皇位継承は皇室の方々に一任し、そこで決まったことを国会で承認すべきだと思います。一般国民が持っている情報は限られていますよ。そうした限られた情報の中では、皇位継承についての議論も、結局人気投票のような形になりかねません。

―― 女性宮家創設についてはどう考えていますか。

神谷 旧宮家に復帰していただき、男性の皇位継承者を増やすことが先決です。その議論なくして、女性天皇とか女性宮家の議論をするのは、順番が逆だと思います。

私の基本的な考え方は、皇位継承者は皇室の方々に決めていただければいいというものです。秋篠宮皇嗣殿下と悠仁親王殿下のお二人ともが、万が一皇位を継承できない状況になった場合、現状制度では他に継承者がいないということになってしまうので、制度を新設するまでの間に限り、愛子内親王殿下にお願いするという選択肢も残しておくことは悪くないと思います。私は必ず男系で継承していただきたいと考えていますから、まず皇位継承者を増やすための議論をしなければいけないと思います。女性宮家や女性天皇の議論を先にすることが間違いだと考えているのです。

―― 政府の皇位継承に関する有識者会議報告書が示した「皇族には認められていない養子縁組を可能とし、皇統に属する男系の男子を皇族とする」という案と「皇統に属する男系の男子を法律により直接皇族とする」を比較したとき、どちらの案がいいと考えていますか。

神谷 当然、「皇統に属する男系の男子を法律により直接皇族とする」という案です。養子は場当たり的なものに過ぎません。あるいは、側室制度を復活させるしかないと考えています。

皇族の方々の尊厳をどう守るか

―― 皇室典範のあり方についてはどのように考えていますか。

神谷 戦前の皇室典範の方が良かったと思います。皇室典範を憲法に準ずるものという形に戻して、簡単に変えられないようにすべきだと思います。

―― 現在、宮中祭祀は憲法にも皇室典範にも規定がありません。皇室典範できちんとそれを規定すべきではないでしょうか。

神谷 そう思います。宮中祭祀は公費でやるべきですし、そもそも神道は宗教ではないので、政教分離には抵触しないと書いておくべきだと思います。

――ネット上には、一方的に皇族の方々を誹謗中傷するような書き込みが溢れています。例えば、戦前の不敬罪のような法律を作り、皇族の方をお守りしていかなければいけないという考え方もあります。

神谷　私は、ＬＧＢＴの方を差別するつもりは全くありませんが、昨今の報道を見るとまるで皇室の尊厳よりもＬＧＢＴの方の尊厳の方が守られているような気がします。ＬＧＢＴの方のことを少しでも悪く言えば、袋叩きに遭う状況です。ところが、皇室の悪口を言っても誰も咎めません。明らかに均衡がとれていないと思います。わが国の言論空間はおかしな状態になっていると思っています。

一般人であれば、誹謗中傷されれば名誉棄損で訴えることができます。ところが、皇室の方々はそうすることできません。皇室の方々に自ら訴えを起こしていただくことは、不敬なことでもあります。したがって、皇室に対する誹謗中傷については、審査機関のようなものを設置し、あまりにも酷い場合は、名誉棄損が成立するようなルールは作った方がいいと思います。一方で、皇室の方々にも一般国民と同じように守らなければいけないルールがありますから、何をやっても批判されてはならないということではありません。例えば、不当な利権や違法行為に関わっているというような場合には、話は別だと思います。

――戦前の皇室は、議会や国民に制約されない財産を保有していました。しかし、日本国憲法では、皇室財産は国に属することとなり、皇室費用は国会で議決する必要があることになっています。皇室の経済的な自律性という観点から、現在の状況をどう見ていますか。

神谷　国会で全て管理するのはおかしな話だと思います。ただ、完全に分けてしまうと、多分多くの国民が寄付をし、莫大なお金が集まってしまうような気もします。また、完全に分け、皇室財産をアンタッチャブルなものにしてしまうことにも若干問題があると思います。

宮中祭祀などに不自由が出ないような十分な額を担保することと、寄付金額の大枠を決めて、皇族の方々の経済基盤がしっかりとするような制度に変えた方がいいと思います。

既成政党に國體は守れない

衆議院議員　福島伸享

自民党に國體思想が流れる余地はなかった

――　かつての自民党には國體観を持った政治家が存在したと思いますが、近年そうした政治家が少なくなっているように見えます。

福島　そもそも自民党は、その成り立ちからして、わが国の歴史や文化に根差したところから出てきたものではなく、「日本を社会主義国にしてはいけない」という一点で、昭和三十（一九五五）年に自由党と日本民主党による保守合同で誕生した政党です。しかも、保守合同は東西冷戦を背景とした国際情勢に基づいて行われたものでしょうから、自民党と「國體を守る」ということに関係はないと思います。

ＧＨＱによる占領によって、戦前からの政治の流れがそのまま戦後に継続することは許されなかったわけです。自由党、日本民主党がこうした歴史の断絶の中で設立されたものである以上、両者が合流して誕生した自民党に國體思想が流れる余地はありませんでした。

さらに遡れば、戦前の日本の政党も國體とはあまり関係ないと思います。日本の政党政治は、薩長藩閥政府に対抗するという意図で、不平士族や明治以降に力をつけてきた新興商人たちが中心となって作った集団であり、思想や階級を背景として作られた欧米の政党とは性格が異なると思います。

それゆえ、國體を守ることが当時の政党政治の目的ではありませんでした。だからこそ、戦前、水戸の先輩たちなどは「政党政治の打破」を唱えたのです。右翼が腐敗した政党政治の打破を目指したからこそ、原敬も撃たれたわけです。政治家は、右翼にとって殺す存在であって、國體を守ることを期待する存在ではないと思います。

政党が國體を守る道具となりうるのかというところから議論しなければなりません。政党によって守られるものは、そもそも國體ではないと思います。国というのは、政党とか政治で成り立っているものは一部でしかなく、その大部分はそれ以外の要素によって成り立っているのです。ですから、政党が國體を守るとか、政治家が國體を守るというのはそもそもおこがましいと思います。

また、政治である以上は、様々な利害関係を調整しなければならないし、妥協をしてものを決めなければなりません。國體は、利害調整や妥協で決めるものを超えていなければならないはずです。國體を守りたいならば、むしろ民主主義のもとの政治になど関わらない方がいいと思います。汚らわしい、俗っぽい政治の世界に國體を引き摺り込むべきではないと思います。私らごときが守って守れるものであれば、それは國體とは言われないでしょう。國體はもっと重いものだと思います。

政党や政治は、國體と交わるようで交わらないねじれの位置にあると思います。ただ、一人ひとりの政治家は、日本人である以上、國體を守るという意識で行動しなければなりません。

法律では改廃できない國體

—— 戦後、GHQの占領政策によって國體が封じ込められましたが、主権回復後、國體の回復を目指した法律が制定されてきました。それを主導した政治勢力、政治家についてはどう見ていますか。

福島 例えば、平成十一（一九九九）年に施行された国旗国歌法は「国旗は、日章旗とする。国歌は、君が代とする」というシンプルな条文ですが、そもそも法律で規定するということは、法律を改正すれば変わるということです。法律で簡単に改廃できるようなものが、國體なのでしょうか。国旗は日章旗で「ある」、国歌は君が代で「ある」のであって、私が思う國體とは、このように法律の条文で規定できないものです。なぜなら、國體は価値であり、それは絶対的なものであるからです。したがって、国旗国歌法の制定に私は大反対の立場でした。その当時の参議院の特別委員会の委員長だったのが、私の政治の父でもある鴻池祥肇先生です。鴻池先生は「実は俺も国旗国歌法には反対だった。だから、委員長にならされた。どうして法律で決めなきゃならないんだ。共産党政権になれば、法律によって、日本の国歌はインターナショナルに変えられてしまう可能性もあるんだよ」と語っていました。どの政党が政権を握ろうが、誰が為政者になろうが、引き継がれるのが國體だと思います。過半数を握る政党が法律を改正すれば変わってしまうという陳腐な土俵に、わざわざ國體を載せてしまっているわけですよ。

イギリスにも成文法の他に慣習など法律の形態をとらないルールを含めて憲法としています。國體とはそのようなものだと思います。しかも、日本という国は、誰かが革命を起こしたり独立したりして、理念や意志を持って作った国ではありません。日本という国が、神話の時代からそこに「ある」のです。今を生きる我々ができることは、そこに「ある」ものを受け止めて、それをそっと次に渡すだけです。それが日本の國體です。アメリカのように独立して作った国であれば、自分たちが国の理念を守るという発想になりますが、日本はそのような国ではありません。だから、私たちが國體を憂えなくても、ずっと國體はそこに「ある」のです。

明治は特殊な時代だった

福島　明治維新は偉業だったと思いますが、だからと言って私は明治時代に復古したいとは思わないし、あの時代がすべて正しかったとも思いません。明治の國體論に縛られてはいけません。明治時代のように、國體や皇室に関わる問題を法律で規定しようとしたことが間違いだったと思っています。

圧倒的な力を持つ欧米諸国に独立を脅かされていた明治という時代は、特殊な時代だったわけです。それ以外の時代の多くは、日本人は國體についても天皇についてもそれほど意識していたわけではありませんでした。ただ、国家が危機に陥った際、必ず立ち返るものが國體です。天皇に対する形式的な敬意が弱まっただけで國體が揺らぐほど、日本がやわな国であれば、これほど長い時間続いていません。根本に立ち返って、天皇（スメラミコト）のしろしめす世を作り続けることだけを考えればいいのです。素直に惟神《かんながら》の道に帰ればいいと思います。

ただ、常に國體を思い出す手掛かりだけは残しておかなければなりません。それは、まずは能や歌舞伎、相撲、華道、茶道といった文化によって、見える形で引き継がれています。万葉集や古今和歌集、雨月物語といった古典からも、日本の美意識を思い起こすことができます。でも、私たちは日本語を便利に変えていってしまい、外国語のように読む「古文」という下らない教育によって、ほとんどの現代人はそれを味読することができません。私たち日本人自身が、自分たちのものとして日本の古来の文化や文学を味わうことができる、日本に立ち返るための縄ばしごさえ残しておれば、國體はずっと守れられると思います。

日常の生活や振る舞いによってしか國體は守れない

――皇室にする尊崇の念は、教育によってしか維持できないように思います。

福島　誰かが教育をしたら、何かが変わるという程度のものを國體とすれば、必ず偽國體が出てくるわけです。マルクス主義が國體だと教えれば、それが國體になるということですよ。

「日本人として何が美しいか」という絶対的な価値こそが重要だと思います。「あの人はかっこいい」、「あの人は凛としてる」と思われる共通の価値基準が何かということです。私は、そうした日本人の美意識はまだまだ失われていないと思っています。ただ、余計なものが入るから、それが見えづらくなっているだけです。インターネットをはじめとして、近代文明が様々な便利なものを生んだことによって、眼鏡が曇り、それが見えなくなっているだけです。日本人には、言葉ではなく振る舞いで示す方が美しいという意識があります。そうした日本人の美しき振る舞いを集合したものが日本の國體です。

日本人らしく生きて、立派な日本人だと思われることが、今を生きる私たちが國體を守るためにできることです。天皇に対する尊崇の念を自然と持つとか、村々で先祖たちが守ってきたお社を大事にするとか、そうした日常の生活や振る舞いによってしか、國體は守れないと思います。それは政治家であれ、市井の人であれ、同じことです。

そこで思い出されるのが、令和元年五月十一日に靖国神社付近の路上で腹を切って自決した沼山光洋さんです。彼は多くを語らず、ただ黙って靖国神社の清掃をし、ひたすら天皇陛下の御親拝再開を願い続けていました。靖国に参拝される高齢者のために、車椅子を用意して立っていました。それをひけらかすわけでもなく、「天皇陛下、御祭神の皆様に大変申し訳なくお詫びの言葉もありません」という言葉だけを残して、腹を切りました。しかも、誰にも迷惑をかけないように、神社の境内を避け、ゴールデンウィークを避けて自決しました。

私もそうでしたが、時の政権の思惑に塗れて「令和」という元号に変わる乱痴気騒ぎに、「もう日本じゃなくなるかもしれない」という大きな違和感を覚えていたのではなかったかとおもいます。そうした沼山さんこそが、最も「美しい日本人」を体現していたのではないでしょうか。

同じように感じながら腹を切れなかった私が、國體を語るのはおこがましい。政治家に國體観を問うのも結構ですが、沼山さんのような草莽を取り上げる特集を是非組んでください。

日本人の「助け合いのＤＮＡ」

ＮＨＫ党党首・前参議院議員　立花孝志

地理的条件や風土によって育まれたＤＮＡ

――ＧＨＱによる占領政策の影響もあって、戦後、日本人の尊皇心は弱まってしまいました。どのようにして尊皇心を取り戻せばいいとお考えですか。

立花　私の祖父は、長年無給で民生委員をしていたことが評価され、天皇陛下から勲章をいただいています。それもあって、私は皇室を敬っていますが、尊皇心に欠けた人たちがどんどん増えていることも事実でしょう。しかし、私は自然に任せるしかないと思っています。尊皇心は押し付けるものではないと思います。状況を無理に巻き返そうとしても、逆効果になるだけでしょう。

――日本人の道徳心も低下しているように思えます。

立花　一見そう見えますが、私は現在も道徳心を維持している日本人は少なくないと思っています。現在も、日本人は「公のために」という考え方を持っていますし、きちんとルールを守ります。いざという時に日本人が団結することは、東日本大震災の際にも示されました。

日本は島国であり、外国から攻め込まれることがほとんどなかったので、同じ民族同士で助け合おうという文化が育ったのだと思います。ところが陸続きの国は、いつ他民族が攻め込んでくるかわからないので、人を容易には信用しません。

地理的条件や風土によって育まれた「助け合いのＤ

NA」は、現在の日本人にも受け継がれていると思います。持って生まれた魂のようなものは、現在も変わっていないのではないでしょうか。

日本人の武士道精神、大和魂も残り続けるでしょう。いま「大和魂」という言葉を敢えて使いましたが、私はことさらにこうした言葉を使う人たちは怪しいとも思ってるのです。大和魂や武士道精神を持っている人は、わざわざそれを言葉にはしないはずです。

—— 日本人の伝統的な価値観を守るためには、教育勅語を復活させるべきだという考え方もあります。

立花 教育勅語が悪いとは思いません。教育勅語に示された考え方を、自分の胸のうちに秘めて生きることは大事だと思います。ただ、画一化された教育を進め過ぎると、国の衰退を招いてしまうとも思います。江戸時代の社会と現代の社会はまるで違います。そうした時代の大きな変化に対応していかなければ、生き残れない時代なのです。

政治家が皇室のことについて語ることは畏れ多い

—— 皇位継承についてはどう考えていますか。

立花 男系男子がベストなのは当然のことですが、どうしてもそれができない場合には女性も容認していいと考えています。ただ、私はいわゆる天皇の政治利用はいけないと考えていますし、そもそも政治家が皇室のことについて語ること自体が畏れ多いことだと思います。この問題については政治家が語るよりも、有識者会議などで決めたものを国会が承認するという形がベストだと思っています。

—— 統帥権を天皇にお返しするという考え方についてはどう思いますか。

立花 そうした考え方は、古過ぎると思います。

陛下を中心とした軍隊にして、例えば中国との戦争が起きた時に国民を守れるのか。いまや、そういう時代ではないと思います。現在、日本は民主主義国家、資本主義国家と連携しながら抑止力を確保し、世界の平和を維持しているので、天皇を中心とした形で日本独自の軍隊によって国を守ろうという考え方は現実的ではないと思います。

私は何よりも「国民の生命」を第一に考えなければならないと考えています。戦前のように「国家が第一」

という考え方は誤りです。もちろん、かつては国家がなければ国民も生きていけないという時代だったのでしょうが、現在は国家がなくても国民は生きていける時代です。そうした意味では、国民の生命、財産を第一に考えなければいけない時代に入っていると認識しています。

大東亜戦争で敗れましたが、日本国民は残り、國體も残りました。私は最も重要なのは国民の生命であり、國體も領土・領海もその次だと思っています。

―― 領土を奪われても日本人が生き残れば、その精神性は維持されるということでしょうか。

立花 目に見えない日本人の魂は生き残るということです。

ロケットを日本の新たな基幹産業に育てるべきだ

―― ＧＨＱによる占領政策によって、日本の國體思想が封じ込められました。

立花 もちろんそうです。私は現在の日本はアメリカの属国であり、完全に日本はアメリカの下にあると思っています。それは否定しようがありません。しかし、それは敗戦国の運命です。

だから、私はこれからどう逆転していくのかを考え

ています。日本がアメリカを乗っ取ればいいのです。例えば、日本がアメリカの州になり、日本州からアメリカ大統領を出す方が、アメリカと戦わずして勝つことになるかもしれません。私はそういうところを目指しているのです。たとえ日本がアメリカの日本州になっても、私は天皇陛下、皇室は守っていきます。

現在、多くの日本国民がアメリカ的な自由を手放したいとは思っていないわけです。七十数年、日本は自由を与えられ、現在若い人たちは自由の恩恵を受けていると感じています。したがって、もはや自由が制限される社会に戻すのは不可能だと思います。多くの国民がそれを望んでいないし、私も望んでいません。

当面は、この厳しい世界情勢の中で、いかにして日本が国家として生き抜くかということを考えなければなりません。日本の防衛力を強化するためには、経済力の強化が必要です。

これまで、日本は外国人労働力の受け入れを拡大してきましたが、そうした政策を見直し、日本に受け入れる外国人も選ぶべきだと思っています。

外国人特区を作り、日本で多額の税金を納めてくれるような裕福な外国人を受け入れればいいのです。外国人にとって、日本は素晴らしい国です。四季が豊かで、水がきれいで、食事も美味しい。そして治安も良い。日本人自身がこの日本の良さを理解してませんが、外国人にとって日本は極めて魅力的な国なのです。

――日本は自主防衛を目指すべきだと思います。

立花　これまでアメリカは、日本が軍事力を拡大すると、再びアメリカと戦争するのではないかと疑っていました。しかし現在、そうした疑いは完全に払拭されています。いまやアメリカは日本が防衛費を拡大することを望んでいます。今後、日本は兵器の国産化を進めるべきです。

私はロケットを日本の新たな基幹産業に育てるべきだと思います。スマホがほとんどの日本人に普及したように、やがて人工衛星を一人一台持つ時代が訪れるでしょう。日本はこの分野で世界の先頭に立つべきだと考えています。

旧宮家養子を実現せよ

日本大学名誉教授・国士舘大学客員教授　百地　章

有識者会議の報告書

シンポジウムの始めにあたりまして、主な論点を申し上げたいと思います。まず有識者会議の報告書ですが、令和三年十二月に出されました有識者会議の報告書のポイントは大きく二点あります。一つは今上陛下から秋篠宮殿下、そして悠仁親王へと続く皇位継承の流れを揺るがせにしてはならないとした点。もう一点は、皇族数を確保するために三つの案が提示された点です。

第一案は、内親王や女王つまり皇族女子が婚姻後も皇族の身分を保持するというもの。

第二案は、養子縁組を可能とし皇統に属する男系の男子を皇族とする、いわゆる旧宮家から男子を養子として迎えるという案。

第三案は、皇統に属する男系の男子を直接皇族に迎える案、です。

そして、報告書は第一案と第二案を中心に進めるべきであるとしています。つまり女性皇族が結婚した後も皇族の身分を保持するという案と、旧宮家からの養子案、これを優先して検討すべきだというのが、報告書の立場です。

私なりに評価しますと、まず第一点の今上陛下から秋篠宮殿下、そして悠仁親王へと続く皇位継承の流れを揺るがせにしてはならないとしたこと。これは男系継承の維持を明確に打ち出したものでありまして、事実上これで愛子天皇はなくなったということになると思います。

次に、報告書が示した三つの案のうち、第一案の「女性皇族が結婚後も皇族の身分を保持する」というものですが、実は以前いわゆる女性宮家案、つまり女性皇族が結婚後、宮家の当主となり、配偶者と子供まで含めて皇族とする案がありました。今回の案はそうではなくて、あくまでも女性皇族が結婚後も皇族の身分をそのまま保持をするというだけで、色々問題点もありますが、過去の例に習ってやろうということです。

例えば、仁孝天皇の皇女和宮が将軍家茂のもとに降嫁された時、臣下の元に嫁されたわけですが、和宮様は皇族の身分を保持された。一方、家茂は臣下のままです。そういう制度がかつてありました。これが今日そのまま採用できるのか、若干疑問はありますが、これが第一案です。

この女性皇族が婚姻後も皇族の身分を保持する案が出てきたのは、退位特例法の付帯決議の中に「女性宮家の検討」という言葉が入ってしまったからです。ヒアリングでも女性宮家を支持する声が多くありました。そこでそれに配慮せざるを得なかったのではないか、と思われます。

次に、第二の旧宮家から男子を養子として迎えるという案ですが、男系男子を維持するということについては、有識者会議のヒアリングで二十一名中十四名ぐらいが支持しておりましたから、当然これが報告書の基本になっています。

それと共に、報告書は第一案と第二案を合わせて一つの案と考えています。というのは、男系か女系かという問題から入っていったら話がまとまりませんから、報告書は皇族数を確保する必要があるという大義名分を立て、その名目のもとに旧宮家の男子を皇族として迎えようとしたのではないか、そのように私は理解しています。

したがって、そのように考えれば、女性皇族案の方は若干疑問がありますが、女系継承は絶対避けるという方向でこれも飲まざるを得ないのではないか。もし男系派が女性皇族案には反対といい出せば、女系派も養子案に反対するでしょう。

そうなれば、平成十七年の有識者会議の報告書以来、十六年目にして初めて政府案に採用された旧宮家からの養子案までつぶれてしまう。そこでそれを避けるために、大局的に判断を行い、報告書を丸ごと認めようということで、日本会議でもこの報告書を受け入れることにしました。

次に、如何にして皇統を維持するかということですが、この問題を考える際には、よるべき基準があるはずです。原理原則ですが、それはもちろん、「皇室の伝統」と「憲法」のはずです。これを踏まえれば、おのずから男系でなければならないという結論が出てきます。

まず皇室の長い伝統ですが、これはもちろん男系で、神武天皇以来、百二十六代の天皇はすべて男系で継承されてきました。

四回の皇位継承の危機

ご存じのように、大きな皇統の危機は四回あったと私は考えております。

一回目の危機が、第二十五代武烈天皇から第二十六代継体天皇への時です。この時には十親等、二百年の隔たりがありました。そこまでして男系を守ったのです。

二回目の危機は、第四十八代称徳天皇から第四十九代光仁天皇への継承です。この時には八親等百三十年の隔たりがありました。

三回目の危機が、第百一代称光天皇から第百二代後花園天皇への継承で、八親等百年。そして四回目の危機が、第百十八代後桃園天皇から第百十九代光格天皇への継承時で、七親等七十年の隔たりがありました。これだけの隔たりがあったにもかかわらず、あえて男系を維持してきた理由についてはどこにも説明はありませんが、我々の先人たちがいかに男系を大切にし、男系の皇統維持のため血の滲むような努力をしてきたかがよくわかります。

したがって、我々もまず「皇室の伝統」を守らなくてはいけないということです。世界にも比類のない男系の皇統を守ることこそ、我々に課せられた重大な使命です。

有力な憲法学者たちも憲法第二条の「世襲」を「男系」と解している

次に憲法ですが、憲法第二条は、確かに「皇位は世襲のものである」としか書いてありません。従ってその言葉だけに着目すれば男系でも女系でもいいということになりかねませんが、それは誤りです。

というのは、現行憲法は明治憲法を改正したものですから、明治憲法を踏まえて考える必要があるからです。

明治憲法では、皇位は男系の男子孫による世襲であると明記されていました。ところが、現行憲法は占領下においてGHQの圧力のもとに作られましたから「世襲」としか書けなかった。そこで、憲法制定者たちは、皇室典範の中に、「皇位は男系の男子によって継承される」旨、明記したわけです。したがって、憲法にいう「世襲」は男系によるものと見なければなりません。

しかも憲法制定後、政府見解は一貫してこの世襲は男系を意味する、少なくとも男系重視を意味する、と説明してきました。従って、憲法制定者たちの意図とその後の一貫した政府見解、これを我々は尊重しなければなりません。七十年以上にわたる一貫した政府見解というものは、大変重いはずです。それ故、安易な女系の採用は、私は憲法違反の可能性さえあると思っております。

さらに、有力な憲法学者たちが皆、この世襲は男系を指すと述べていまして、美濃部博士や宮沢教授も男系を指すと説明しています。また東北大学の小嶋和司先生や一橋大学の田上譲治先生、現在では京大の佐藤幸治先生といった有力な憲法学者たちが、世襲は男系を意味すると言っていますが、これは非常に重みがあると思います。

法理論的にも非常に分かりやすく、説得力のある案である

次に、旧宮家の男子を養子として皇族に迎える案ですが、これは法理論的にも非常に分かりやすい、理にかなった案です。というのは、旧宮家の男子は、現行憲法下でも一時期皇族でいらっしゃったわけで、もちろん皇位継承権を持たれていた。皇室典範上、皇族として位置付けられていた方々です。ですから、男系の皇統維持のために、その男子孫の方々を皇族として迎えようというもので、これによって皇室典範の空白部分を埋めることができるからです。

皇室典範ですが、第一条は「皇位は、皇統に属する男系の男子が、これを継承する」というものです。つまり皇位継承の資格について定めたもので、「男系の男子」による皇位継承を明記しています。

次に、第二条ですが、これは皇位継承の順序を定めたもので、その第1項には「皇位は、左の順序により、皇族に、これを伝える」とあり、「第一が皇長子、第二が皇長孫、第三がその他の皇長子の子孫、第四が皇次子」といったように、現在の男子皇族の間での皇位継承順序を定め

ています。

この皇室典範ができた当時についていえば、皇長子というのは明仁親王、つまり現在の上皇陛下です。それから、皇次子が常陸宮様になります。また皇兄弟というのは、昭和天皇のご兄弟のことで、秩父宮様、高松宮、三笠宮様のことです。

問題は、次の第2項で、これが非常に大事なのです。

第2項には「前項各号の皇族がないときは、皇位は、それ以上で、最近親の系統の皇族に、これを伝える」と書かれていますが、この第2項にいう皇族が旧宮家の方々です。つまり、現在の皇室に男子がいない時は、旧皇族の中から宮家の中から、その皇位を継承するということがはっきり書かれていました。

ところがGHQの圧力によって、この方々は皇室典範が制定されてから約五か月後の十月十四日、皇族の身を離脱されことになりました。そのため、現在この第2項にいう皇族は不在で、空文化されているわけです。そこで、旧宮家の男子をこの皇族として迎え、空文化している第二項を蘇らせようというのが、第二案です。このように、旧皇族の家系から相応しい男子を現皇族の「養子」として迎え、第2項にいう皇族にするというのは、法理論的にも非常に分かりやすく、説得力があると、私は信じています。

女系派による「旧宮家隠し」

次に、旧宮家の略系図を見ますと、旧宮家にはたくさんの男子が誕生していらっしゃる。我々が得た情報では、すでに、二十代以下の未婚の男子だけでも十一名くらいはいらっしゃると把握しております。こうした方々の中からふさわしい方にぜひ養子になっていただきたいというのが私たちの考えている案です。養子の仕方としては未婚の男子のみを迎える方法や家族養子案なども考えられますが、家族養子となると当の男子だけでなく、配偶者やその他の家族についても皇族として相応しいかどうかが問われることになりますから、かなりハードルが高くなります。したがって、私どもは未婚の男子を養子として迎える方がよいのではないか、と考えています。

旧宮家の方々と皇室のご交際は今でもなされております。平成六年に開かれた「菊栄親睦会」の写真からも分かるように、天皇陛下、皇族、旧宮家の方々、そしてその配偶者や親族の方々百名ぐらいの大規模な交流の場が数年ごとに開かれてきました。

この写真を見ると、旧宮家の方々もたくさんいらっしゃいます。旧宮家の当主が正式会員ですので、年配の方が中心になりますが、菊栄親睦会の総会にはその親戚の方々も出席しますから、写真には若い方々も写っています。この菊栄親睦会以外にも、皇室と旧宮家の方々の間には様々な交流があります。しかも、お互いに親戚関係にありますから、そういう方々の中からふさわしい方をお選びしよう、というわけです。

こうした交流について、国民は知らされてこなかった。平成十七年の有識者会議の報告書を初め、女系天皇・女性宮家を支持するメディアなどは、旧宮家や旧皇族の方々について、「六百年前に分かれた家系であり、戦後七十も民間人であった人々のことなど、国民が理解するはずはない」と主張し、その一言で旧宮家の方々を切り捨ててきました。まさに「旧宮家隠し」です。

つまり、女系派は、旧宮家の方々のご存在を意図的に隠して、現在の皇室のみに焦点を当てて、若い男子は悠仁親王だけで、後は女子皇族しかいない。これでは男系男子による継承を続けるのは困難だ、と主張してきました。旧宮家抜きで議論を進めてきたわけです。しかし、旧宮家の存在をきちんと国民に示し、その上で女系を認めるのか、それとも男系を維持すべきか、どちらが妥当かということを国民に問えば、国民は必ず理解してくれると思っています。そして、今回の報告書では、旧宮家の方々のご存在が堂々と国民の前に示されたわけです。

平成十七年に、女系天皇容認、長子優先を盛り込んだ「皇室典範に関する有識者会議報告書」が出されてから、私どもはそれにはずっと反対して、男系を守るための運動を続けてきた。そしてようやく十六年目に旧宮家の養子案というのが前面に出てきたわけです。したがって、私ども、どうしてもこれを大事にしなければならないと考えております。

キーパーソンは野田佳彦元総理

令和三年に出された皇位継承に関する有識者会議報告書を書いたのは、おそらく杉田和博官房副長官ではないかと言われていますが、報告書は最後に〈福沢諭吉が「帝室論」の中で、「帝室は政治社外のものなり」と述べているように、この皇室をめぐる課題が、政争の対象になったり、国論を二分したりするようなことはあってはならないものと考えます〉と書いています。

つまり、二案を一つの案として考えて政争とならないようにした、知恵を絞った報告書だと思っております。そして先の退位特例法の時と同じように、今回も、衆参別々に議論を進めるのではなく、衆参両院が一緒になって原案を作り、それを基に議論していくというやり方を踏襲しようとしています。

今回も報告書が発表されたあとで、衆参両院議長の元に各党の代表が集められました。そして、説明を受けた後、各党に持ち帰ってそれぞれ意見をまとめている段階です。自民党は「参議院選の後に」と言っていましたから、そろそろ動き出してくれるものと思います。岸田総理は男系を実現するとはっきり言っていますし、麻生さんがそのまとめ役の中心ですから、間違いなかろうと思います。

手前みそになりますが、維新の会は私を勉強会に呼んでくれまして、私の講演とほぼ同じような内容の報告書をまとめてくれました。そして、それを参議院議長と副議長宛てに提出してくれております。国民民主党も玉木雄一郎代表もこの報告書を歓迎すると述べていますし、公明党も歓迎しています。

問題は立憲民主党でありまして、実は今回のキーパーソンは野田佳彦元総理ではないか思っております。野田政権は「女性宮家」創設を柱とする皇室典範の改正を目指しましたが、結局実現できなかった。皇室のご意向と考えた女性宮家が作れなかったということで、今でも野田さんは女性宮家に固執しておられるようです。「女性宮家」という言葉をわざわざ特例法の付帯決議に盛り込ませたのも野田さんでした。

今回も、私は野田さんに手紙や資料をお送りしまして、なぜ男系でなくてはならないか、丁寧に説明させて戴きました。野田さんは養子案そのものには反対していないし、男系にも反対しておられない。しかし、まず女性宮家という発想のようですので、いかにして野田さんを説得し、考えを変えていただくかというのが今後のポイントになるのではないかと思っております。

本稿は令和四年十月十六日に一般社団法人日本経綸機構の主催で開催されたシンポジウム「毅然として　皇統を守れ!」での発言を本誌編集部がまとめたものです。

國體弱体化政策の恐怖

里見日本文化学研究所所長
金子宗德

野党にも国家意識のある政治家はいる

――我々は、保守思想は確固たる國體観に支えられなければならないと信じています。保守政党と呼ばれる自民党に國體観を持った政治家はいるのでしょうか。

金子　私は、「明治の日推進協議会」の事務局長を務めています。この運動は、占領下において戦後憲法の公布を記念する祝日とされてしまった「文化の日」を、明治天皇の御生誕日という本来の趣旨に基づく「明治の日」に改めることで、少なくとも一年に一度は、国民が明治維新あるいは明治の御代を振り返る機会を設けたいというものです。さらには、そこに止まらず、國體復古としての明治維新、國體の近代的展開過程としての明治の御代の諸側面を見直すことで、國體についての認識を深める機会になればと思っています。

活動の一環として国会議員に対するロビーイングを行っていますが、その過程で認識を新たにしたのは、國體観はともかく国家意識を有する政治家は政党とは関係なく存在するということです。共産党や社民党、れいわ新選組といった左派勢力は論外ですが、他の政党・会派に所属する有志国会議員は超党派の「明治の日を実現する議員連盟」を結成しており、民間側の「推進協議会」と連携して祝日法改正に向けた努力を重ねています。

議員連盟の活動に最も積極的であるのは、野党に位置する日本維新の会と有志の会です。両者の政治的立場は異なりますが、それぞれの立場から明治維新や明治の御代に意義を見出しているのでしょう。『維新と興亜』に寄稿されている福島伸享議員からは多くの有益な御助言を頂いています。

また、立憲民主党や国民民主党においても、旧民社党や非自民系保守の流れを汲む議員が議連に加入しています。立憲民主党で最初に賛同されたのは、落合貴之議員でした。落合議員とは共通の知人が主催する会合で同席し、それ以来、私が編集している月刊『国体文化』を送っていたのですが、ある筋から憲政史家の倉山満氏と親交があるらしいとの話を聞き、駄目もとで御相談に伺ったところ賛意を示され、自身が属する「直諫の会」の代表である重徳和彦議員を御紹介頂きました。徳川家ゆかりの愛知県岡崎市を地盤とする重徳議員が徳川家支配の否定から始まった明治の御代を評価する「明治の日」実現に力を尽くすという構図は面白いですね。

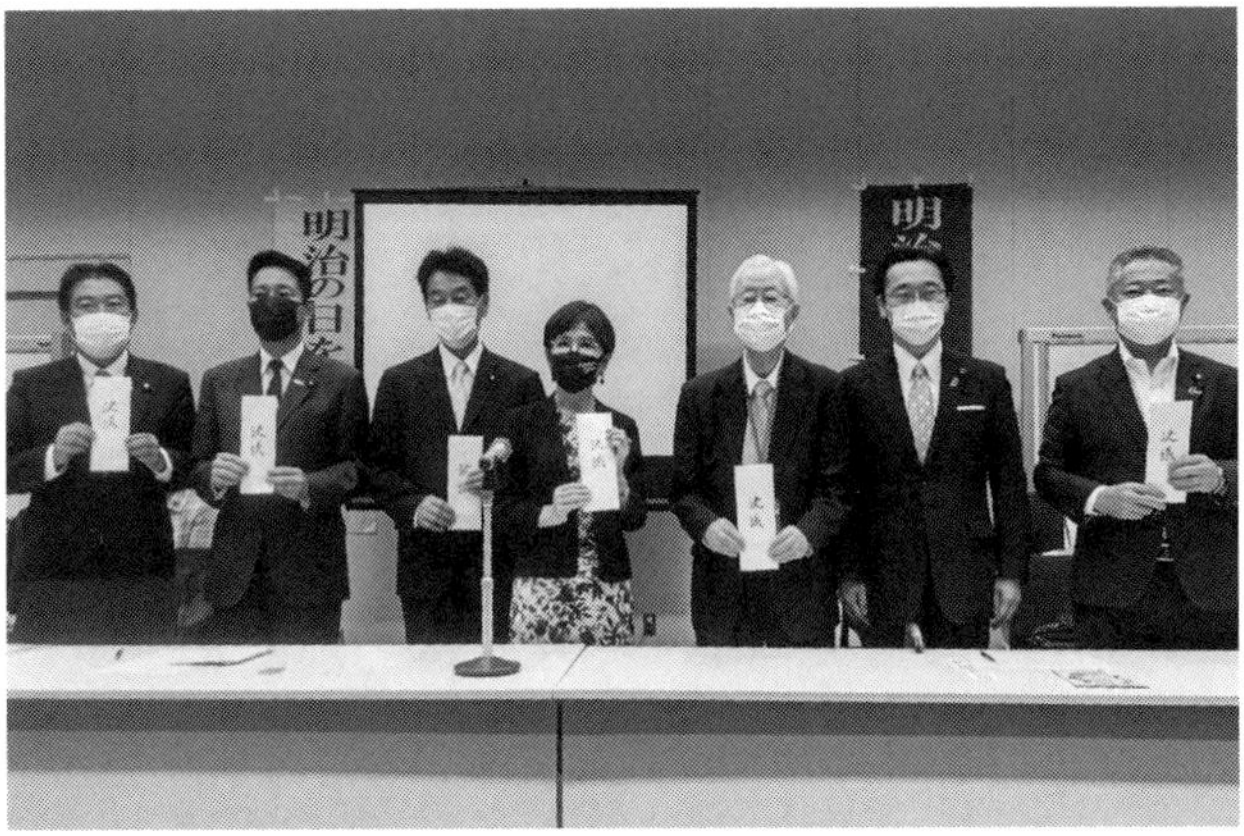
明治の日法案提出決起集会（令和４年５月19日）

重徳議員や落合議員は國體を前面に出して云々するタイプではありませんが、地元の神社に熱心に顔を出しているようです。重徳議員は靖国神社にも参拝しています。両議員には、立憲民主党を「陛下の野党」にして頂きたいと思います。この表現は、二大政党制が定着しているイギリスで一八二六年に初めて使われたもので、野党であっても国王の統治を補翼する存在でなければならぬという考え方を示したものです。

そうした野党の良識派が「明治の日」制定に肯定的なスタンスを採る一方で、保守政党とされる自民党の中に否定的な声があるようです。これは、大東亜戦争敗戦以前の歴史と訣別した証とも言うべき日本国憲法の公布日であることに基づく「文化の日」に拘泥し、國體の歴史的展開の一過程として明治の御代を積極的に位置づけようとする「明治の日」を否定するもので、「自主憲法制定」という自民党の党是にも反する存在と言わねばなりません。自民党の議員には戦前から続く名望家の末裔が少なからずおりますが、その中には國體観どころか国家意識よりも自らの利権を守ることに汲々として已まぬ者がいるのです。そうした既得権益の中には、文化や芸術の領域も含まれているのです。

野党の反対で難航した紀元節復活

――かつての自民党には、生長の家系の玉置和郎氏や村上正邦氏らのように國體観がある政治家もいたように思います。

金子　かつては、玉置氏や村上氏のほか、井波八幡宮の宮司でもある綿貫民輔氏や板垣征四郎の次男である板垣正氏など確固たる國體観を有する政治家がいました。玉置氏を除く三氏は、「昭和の日」制定に大変な尽力をされたと聞き及んでいます。ところが、現在の自民党には、国家意識はともかく確固たる國體観を有する政治家はほとんどいないように思われます。

そのような状況が生じたのは何故でしょうか。それを考える材料として、紀元節復活運動の経過を振り返ってみたいと思います。

紀元節復活の動きは、すでに主権回復前からありました。サンフランシスコ講和条約の事前交渉が進められていた昭和二十六（一九五一）年三月九日、吉田茂首相が参議院予算委員会で「講和條約ののちにおいては紀元節は回復いたしたいものと私は考えます」と答弁しています。これを受けて、同年十二月に神社本庁が「紀元節」復活運動の推進を決定しました。

昭和二十七（一九五二）一月二十四日、自由党政務調査会文教部会が「紀元節復活」を決定します。そして、昭和二十八（一九五三）年十一月には、前衆議院議員で、黒住教顧問を務めた若林義孝氏の提唱で「建国記念日制定促進会」が結成され、翌年二月十一日、同会と東京都神職青年会の共催で「紀元節奉祝国民大会」が開催されました。

こうした動きを受けて、岸信介内閣時代の昭和三十二年（一九五七）二月十三日に「建国記念の日」

を制定するための祝日法改正案が警察官僚出身である纐纈弥三氏らにより議員提案の形で提出されます。この時点では、神社界と協力して國體の再興に力を尽くそうとする自民党の政治家がいのです。

しかし、法案は成立せず廃案となり、以後何回かにわたって法案の再提出が繰り返されましたが成立には至りませんでした。社会党や共産党が実力行使によって法案の成立を阻止しようとしていたからです。昭和三十八（一九六三）年六月二十日の衆議院内閣委員会では、採決を試みた自民党の永山忠則委員長が反対派議員に体当たりされて入院するという事件が起きました。結果として、紀元節の復活は容易に実現しませんでした。共産党はともかく、当時の社会党が真っ当な国家意識を有していたならば、戦後日本は現在のような惨状を示してはいなかったろうと思います。

ようやく佐藤栄作内閣時代の昭和四十一（一九六六）年三月、改正案が再び提出され、六月二十五日に設立しました。この時期になって法案が成立したのは、反対勢力の力が弱まったからでしょう。かくして、「紀元節」は「建国記念の日」として実質的に復活しましたが、政府主催の奉祝式典を開催することはできませんでした。

福田赳夫内閣は、昭和五十三（一九七八）から作曲家の黛敏郎さんが会長を務める「建国記念の日奉祝運営委員会」主催の奉祝行事を総理府の名義で後援し、官房長官が出席することもありました。ところが、左派勢力は「神武天皇御陵に対する拝礼があるのはおかしい」、「憲法の定める政教分離に反する」などと攻撃し、政府主催の奉祝行事を求める動きは頓挫してしまうのです。

その後も、國體を重視する政治家は政府主催の奉祝行事を求め続けますが、次第に彼らの力も弱まっていきました。それでも、平成十九（二〇〇七）年「昭和の日」が制定される頃までは存在感を見せましたが、その後は、力を失ってしまいます。

GHQの日本弱体化政策が残した空気

――そうなったのはなぜでしょうか。國體復興の動きに対してイデオロギー的に反対する勢力が弱体化したとすれば、國體復興に向けての機運が高まってもおかしくないはずですが。

金子　冷戦終結に伴って社会主義・共産主義の魅力が褪せる中、平成八（一九九六）年に社会党が解散するなどイデオロギー的な反対勢力は弱体化したものの、時すでに遅しで、その時点では多くの国民から國體観どころか国家意識が失われてしまっていたのです。

教育勅語を否定する形で制定された教育基本法の下、文部省が黙認する形で日教組が國體どころが国家の存在意義を全否定するが如き教育を受けた上に、社会全体が資本主義のメカニズムに絡めとられていく中で、国家とはいかなるものか考えたこともない人々が社会の多数派となりました。

政治家も人気商売ですから、有権者が望まないことは口にしません。國體について迂闊な発言をすると、左派勢力の同調者が多いマスコミに叩かれるリスクがあり、たとえ自分なりの國體観を有していたとしても、それを敢えて口にしなくなったのです。

そもそものことを言えば、「國體を語ると叩かれる」という空気を作り出したのは間違いなくアメリカです。より正確に言うと、アメリカの左派勢力です。GHQに巣食った彼らが「ウォー・ギルト・インフォメーション・プログラム」を日本社会に埋め込み、様々な分野に橋頭保を築いていた日本国内の左派勢力が國體再興を目指す動きを潰してきたのです。そうした中で、自民党の政治家は國體の再興ではなく既得権益の確保にばかり汲々とするようになったのです。

――かつて、紀元節復活運動を後押しした神社界にも変化があるのでしょうか。

金子　神社界は、紀元節復活運動のほか元号法制定や靖国神社国家護持など、國體や神社に関わる政治課題を解決するため政治運動を展開してきました。現在でも、皇位継承問題について男系男子による継承を護持すべきという立場から積極的に活動しています。それ自体は評価すべきですが、ＬＧＢＴの問題など國體や神社との関係が薄い政治課題について発信する必要があるのでしょうか。それよりも、神社の存立に関わる地域コミュニティの衰退を如何に防ぐかといった問題意識から政治家に働き掛けを進めるべきではないかと思います。

國體という概念を受け入れられない若者たち

――状況は決して楽観できないということですね。

金子　私は悲観的な感触を持っています。と言うのも、平成に入ってから構造が大きく変わってしまったように感じるからです。私は昭和五十（一九七五）年生まれですが、私が若い頃には、自分の周囲には確固たる國體観とまでは行かなくとも、保守的な生活信条と結びついた素朴な国家意識を有する大人たちがいました。しかし、私より下の世代の人たちの周りには、そうした大人たちがほとんどいないのです。

令和に入ってから、そうした傾向が強まっています。先日、私が講師を務めている大学の試験で、「講義の中で一番印象残った人物を挙げ、その理由を書きなさい」という問題を出したところ、三島由紀夫の名を挙げた学生がいました。テレビで見る弱々しい政治家や、政治と距離を置く友人達に苛立ちを感ずると言う彼は、動画サイトで自衛隊に決起を促す演説に強い印象を受けたそうですが、「日本を日本たらしめる存在としての天皇」という言説に何のリアリティも感じられないどころか、「歴史上の日本と私が生きている現在の日本が連続しているもののようには思えない」というのです。この答案を目にして、私は殴られたような衝撃を感じました。日本政治の現状に苛立ち、三島の演説に共鳴するセンスを有する学生であっても、國體という概念を受け入れ難いというのですから。

敗戦から八十年弱、世代交代が進む中で、これからの日本を背負う若い世代に國體という概念を如何に伝えるか。これは大きな課題です。國體のみならず保守思想を説く側の言説は煩瑣な上に古臭くなり、それらを説く人々の高齢化も相俟って、若い世代からすると敷居が高くなっていると思います。その敷居をどう下げるか、非常に難しい課題ですが、真剣に考えるべき時期が来ていると思います。

先ほども言った通り、学校教育には期待できないとすれば、確固たる國體観を養成する事業、昔風に言えば私塾ですが、もう少し敷居を下げたフリースクールやカルチャーセンターのようなものが必要ではないでしょうか。

知られざる社会主義者の國體観

尚美学園大学名誉教授・友愛労働歴史館研究員
梅澤昇平

「天皇制」廃止と統一戦線を潰した西尾末廣

―― いまなお「社会主義者は國體や皇室を否定する」という誤解があるように思えますが、梅澤さんが『皇室を戴く社会主義』（展転社）などの著作で指摘しているように、社会主義者の皇室観は非常に多様だったのですね。

梅澤　日本で皇室が形を変えても存続したのは、征服王としてでなく祭祀王として無私の精神に支えられた皇室の伝統、それに対する国民の畏敬の念が強かったからです。多くの社会主義者たちがこうした国民感情に共感していたのです。

例えば、賀川豊彦は「天皇ファン」と呼ばれ、麻生久らは天皇を担ぐ「錦旗革命」を画策し、浅沼稲次郎は毎朝宮城遥拝をしていました。後に浅沼は社会党の右派から左派に流れていきますが、皇室尊重では一貫していたようです。

日本社会党は、昭和二十（一九四五）年十一月二日に設立されましたが、その設立大会や準備会では、浅沼が国民儀礼として宮城遥拝、国歌斉唱を進行していました。

ただ、社会党ができた時には右から左までいて、二つの点で揉めました。一つは、「天皇制」を維持するか、廃止するか。もう一つは、共産党との統一戦線を組むかどうか。この二つの問題をめぐり、大議論になったのです。

この時、社会党結成の中心メンバーだった西尾末廣は、帝国憲法を見直すのはいいが、天皇制については手をつけさせないと主張し、押し切ったのです。西尾は、結党大会の時のことを次のように振り返っています。

「私はこのとき、理論よりも国民感情として、また党の発展のためにも、天皇制を認めるべきであることを強く主張した。……私は現に、詔勅によって混乱なしに終戦ができたことを胸にしみて感じていた。また混乱期における天皇の存在の意義についても、確信をもっていたからである」

「天皇制」の問題と連動していたのが、共産党との統一戦線でした。共産党の統一戦線の最大の眼目は、「天皇制」廃止だったのです。宮本顕治は戦後の「前衛」創刊号の巻頭言で、「天皇制」廃止のための統一戦線が必要だと明言していました。西尾は戦前から労働運動をずっとやってきた体験から、共産党は信用できないと考えていました。

皇室廃止の危機

―― 当時、GHQは「天皇制」の廃止を求めていました。

梅澤 敗戦直後のギャラップによる世論調査を見ると、アメリカでは天皇をギロチンに、終身刑に、島流しに、戦犯で裁判になどが圧倒的多数を占め、無罪論はわずか四%でした。

こうした中で、GHQの初代労働課長を務めたロシア人のカルピンスキーは、来日するとすぐ労働運動の指導者を呼びました。総同盟系の松岡駒吉と西尾末廣、左派の加藤勘十です。カルピンスキーは、いきなり「労働運動の前に天皇制を廃止してはどうか」と迫ったのです。加藤は賛成しました。これに対して、松岡は「とんでもない」と言い、西尾も「これは国民の支持を得られない」と発言して反対したのです。

こうした動きによって、「天皇制」と統一戦線の流れは決まったです。だから、共産党の歴史の中では、西尾と松岡はとんでもない連中として批判されています。

西尾らの辣腕がなかったらどうなっていたでしょうか。ここで想起されるのが、同じ敗戦国のイタリアです。イタリアでは、敗戦後の一九四六年に国民戦線が作られ、共産党、社会党らが主導権を握り、保守系も分裂してしまいました。その結果、王制廃止を問う国民投票が実施されたのです。そして、廃止に賛成が五四％、反対が四五％で、八十五年続いてきた王政が倒れてしまったのです。日本でこうしたことが起こらなかった一つの理由は、まさに社共の統一戦線を阻止したことです。西尾らが頑張ったこともありますが、それを支えたのは天皇に対する国民の強い畏敬の念でした。

皇室問題を主導した受田新吉

――社会党は分裂し、昭和三十五（一九六〇）年一月には民主社会党が結成されました。民社党は皇室の問題にどのような姿勢を示していたのでしょうか。

梅澤　民社党において皇室問題で中心的な役割を果たしたのが、党中央執行委員などを務めた受田新吉です。彼は山口県大島郡大島町（現周防大島町）出身の教員で、県教職員組合副委員長を経て政界入りしました。日本社会党を経て、民社党結成に参加しています。皇室問題は主に内閣委員会で審議されますが、受田はこの委員会の理事を務めていました。

受田は紀元節復活でも、重要な役割を果たしています。「建国記念の日」を制定するための祝日法改正案は社会党などの反対によって成立を阻まれていましたが、佐藤栄作内閣時代の昭和四十一（一九六六）年に再び提出されました。しかし、「建国記念の日」の日付をめぐって紛糾してしまいました。そこで、受田は日付については審議会を設け、そこでの専門家の議論に委ねるという修正案を出し、結局「二月十一日」に落ち着いたのです。

受田はまた、元号法制化についても、社会党時代の昭和三十四（一九五九）年に「元号の法的根拠がなくなれば、『昭和』以後は元号がなくなる。これでは日本の伝統がなくなる」と質問していたのです。「昭和の日」の法制化も、自民党の有志議員と受田らの民社党の有志議員の連携によって実現しました。

国事行為があるために天皇が自由に外国を訪問できないことを問題視したのも、受田です。この問題について、彼が昭和三十七（一九六二）年に国会で質問したのがきっかけとなり、その二年後に「国事行為の臨時代行に関する法律」が成立したのです。こうして、昭和四十（一九六五）年に天皇皇后両陛下の訪欧が実現したのです。

昭和天皇の崩御をめぐっても、民社党の対応は高く評価されました。天皇の病状が悪化してからは、党本部職員は毎晩交代で泊まり込みの体制をとりました。私も幾晩か泊まり込みました。万一の場合、マスコミに謹話を送付すること、党幹部に連絡をとることが任務でした。謹話の作成は、通常の談話の作成とは重大性が異なります。この謹話の作成に当たったのが、中村信一郎氏や青木英実氏でした。崩御で各党が謹話を出しましたが、民社党のそれは格調の高さで好評を博したのです。

大嘗祭は平成二（一九九〇）年十一月二十二日から二十三日に行われました。当時、野党各党は「大嘗祭は宗教儀式であり、国が関与することは、現憲法の国民主権、政教分離の原則に反する」（社会党）などと批判し、大嘗祭に政府が公費を支出することに反対していました。

しかし、民社党は「大嘗祭は国民のひとしく慶《よろこ》びとするところである。皇室の伝統行事であり、布教を前提としていないので、国費をあてても憲法の政教分離原則に抵触しない」との談話を出して出席したのです。また、八王子市の武蔵野陵墓で挙行された陵所の儀に参列したのは政党党首としては、民社党の永末英一委員長ただ一人でした。

民社党内で皇室の問題を重視していたのは、受田だけではありません。皇室の問題に非常に熱心に取り組んでいたのが、本部統制委員長などを務めた滝沢幸助と、副委員長などを務めた安倍基雄です。彼らは民社党内で、皇室の問題に関して最も熱心に質問していました。

滝沢は、平成二年には、昭和天皇の諒闇中に国民が新年を祝うのは不敬であるとして、年賀はがきを発行すべきではないと主張しました。また、政界を退いてからも、正かなづかひの會の会長として国語を考える国会議員懇談会の発足に尽力しています。

民社党が平成六（一九九四）年に解散してから、すでに三十年近くが経ちましたが、皇室を戴く社会主義者の存在に改めて光を当てる必要があると思います。

新連載

石原莞爾とその時代①
オリジナルな思想家であり哲学者

哲学者　山崎行太郎

王道アジア主義

これから、『石原莞爾とその時代』という題名のもとに、石原莞爾について、あるいはその時代について、思いつくままに、自由気ままに書いてみたい。

実は、本誌の編集長でもある坪内隆彦氏の新著『木村武雄の日中国交正常化』（望楠書房）を読んでいるうちに、石原莞爾とその時代について、いろいろ思いつくことがあったので、感想を記しておきたいという気持ちになった。私は、以前、『小林秀雄と田河水泡―満洲イデオロギーの相対性と絶対性』という短い論考を書いたこともあり、《満洲問題》についても、それなりに関心を持っていた。

小林秀雄と田河水泡の関係は、田河水泡夫人が小林秀雄の実妹（高見沢潤子）であり、二人は「義兄弟」でもあったが、デビュー前の一時期は、同じ屋根の下で、同居していた。小林秀雄には満蒙少年義勇軍を訪問、視察した『満洲の印象』などの満洲紀行文があり、私は、これらは、戦時下の小林秀雄の「思想と生活」を知る上で、かなり重要な文章であると思っている。また近代漫画の《産みの親》とも言うべき田河水泡の漫画『のらくろ』は、後半では、満洲に出征するストーリーになっている。

したがって、近代日本思想史に燦然と輝く小林秀雄の《批評》と田河水泡の《漫画》は、同じ屋根の下で、ほぼ同じ時期に誕生したのである。むろん、「満洲事変」の当事者である石原莞爾が、《満洲問題》に深く関わっていることは言うまでもないだろう。

さて、坪内隆彦の《日中国交正常化》問題に戻る。《日中国交正常化》に向けて精力的に動いていた男がいた。それが木村武雄だった。木村武雄は、戦前から、石原莞爾の薫陶を受けた筋金入りの《アジア主義者》だった。では、その《アジア主義》とは何か。正確に言うと、《王道アジア主義》とは何か。木村武雄は、山形県米沢市に生まれ、明治大学を出た後、故郷に帰り、農民救済運動を土台に、地方政治家として出発する。当時、東北地方の農村は不況のどん底にあえいでいた。有名な《娘たちの身売り》が頻発していたのもこの頃だった。坪内隆彦は、こう書いている。

《昭和8年（1933）年末から一年間で、芸妓、娼妓、酌婦、女給になった農家の娘たちの数は、東北六県で一万六千余名に達したという。――食う米もなく、夜逃げや娘の身売りを強いられている農民を救わなければならない。そのためには、農民自身が立ち上がり、声を上げなければならない。自分は農民の先頭に立って戦う。木村は、そう決意した。》（坪内隆彦）

木村武雄の農民運動の原点はここにあった。だが、それに、限界を感じたのか、木村武雄は、同じく山形県出身の軍人・石原莞爾を訪ね、この郷土の大先輩の薫陶を受け、大きな思想的影響を受けることになる。木村武雄の《王道アジア主義》は、石原莞爾の《王道アジア主義》を受け継ぐものであり、木村武雄の《王道アジア主義》を知るには、石原莞爾を知る必要がある。

石原莞爾と言えば、多くの人が知っているように、名著『世界最終戦論』（または『最終戦争論』）の著者である。軍人ではあったが、ただの軍人ではない。軍人でありながら、歴史的名著を残すぐらいだから、一種の《思想家》であり《哲学者》でもあったというべきだろう。石原莞爾は、また田中智学の《国柱会》のメンバーでもあり、《日蓮宗》の熱心な信者でもあった。近代合理主義的な知識人、思想家ではなく、合理主義を超越した反合理主義的な、宗教的な資質と感受性を持つ知識人であり、思想家だった。ここが、並の軍人や知識人、学者、思想家と、決定的に違うところだ。

我々は、石原莞爾の思想や哲学が、単なる欧米近代思想の受け売りでも、その理論の寄せ集めでもなかったことを、知っておく必要がある。石原莞爾は、自分の知性と感受性に思考の土台を置いた、文字通りオリジナルな思想家であり哲学者だったのだ。

では、石原莞爾の《思考の土台》とは何だったのか。その一つが、日蓮宗、つまり法華経信仰であった。坪内隆彦は、こう書いている。

《しかし、石原は教育総監部のあり方に疑問を持ち、満たされないものを感じていた。こうした中で、彼は大正8（1919）年に田中智学の所説にひかれ、日蓮主義の思想団体「国柱会」に入会する。石原は、法華経信仰に至る心情を次のように振り返っている。》（坪内隆彦）

次は、石原莞爾自身の文章である。坪内隆彦の著書から孫引きする。

《（六十五連隊時代の）猛訓練によって養われて来たものは兵に対する敬愛の情であり、心を悩ますものはこの一身を真に君国に捧げている神の如き兵に、いかにしてその精神の原動力たるべき国体に関する信仰、感激をたたきこむかにあった。……遂に私は日蓮上人に到達して真の安心を得、大正八年漢口に赴任前、国柱会の信行員となったのであった。殊に日蓮上人の『前代未聞の大闘諍《だいとうじょう》の一閻浮提《いちえんぶだい》に起こるべし』は私の軍事研究に不動の目標を与えたのである》（石原莞爾）

「軍事研究」の背後には《国柱会》の信仰

石原莞爾の「軍事研究」の背後には《日蓮宗》、特に田中智学の《国柱会》の信仰があった。「兵」にたたきこむべき精神の原動力は、何処にあるのか。それは、知識や理論ではない。知識や理論では「兵」は、動かない、ということであろう。そこで、石原莞爾が到達したのが、《国柱会》であり、《法華経》であった、ということであろう。つまり、石原莞爾の『世界最終戦論』のアイデアも、宗教的信仰から得たものであり、《王道アジア主義》という思想も、そこに起源を持っている、と言っていい。ところで、《国柱会》というと、その熱狂的な、あるいは狂信的とも言うべき、もう一人の信者が思い出される。童話作家、詩人として有名な宮澤賢治である。時代も重複している。石原莞爾と宮澤賢治。この二人を魅了した《国柱会》とは何か。

《国柱会》とは、田中智学が、日蓮宗を土台に、新しく起こした宗教団体で、その主要思想は、《国柱会》という文字が示すように、《国の柱になれ！》という思想だ。宗教というのは、一般的に《個人主義》というか、《個人の救済》が中心だが、国柱会は個人の救済より前に、《国》つまり《国家》を優先し、《国家の救済》があってこそ、《個人の救済》も可能だという宗教思想だ。たとえば、宮澤賢治は、《全ての人が幸せにならない限り、私の幸せはない。》という趣旨のことを言っている。誤解を恐れずにいえば、個人主義から国家主義への思想的転換をはかったヘーゲルの国家論に近いと言っていいかもしれない。要するに、《個体》より《全体》を重視、優先する思想だ。それ故に、国家論や政治問題に強烈な関心を持つ。全体や国家の問題は、《政治》と密接に結びついているからだ。

石原莞爾は、若い頃、ドイツに二年以上留学し、西欧の軍事史を勉強している。『最終戦争論』も、前半は、西欧の戦争を題材にして、戦争には、短期決戦型の《決戦戦争》と、長期戦型の《持久戦争》の二つの類型があると論じている。古代ギリシャ、ローマの時代の戦争から、フランス革命、ナポレオン戦争、そして欧州大戦（第一次世界大戦）まで、この二つの戦争が、交代に、繰り返されてきたと書いている。そして、最終的に、強力な破壊力を持つ《新兵器》を使った決戦型の残酷極まりない《最終戦争》が、目前に迫っている。その《最終戦争》が終わると、世界が統一され、平和が訪れる。その《最終戦争》こそ、太平洋をはさんで対峙する日本と米国が対決する《日米戦争》ではないか、と。つまり、石原莞爾によると、《日米戦争》こそ《最終戦争》なのである。

石原莞爾の戦争論の背後には、西欧合理主義的論理による軍事研究と、日蓮宗やその系譜の田中智学の国柱会を中心とする仏教思想がある。特に最終戦争から世界の統一、平和の実現……仏国土の実現……というモチーフには、仏教思想の影響が濃厚のように見える。石原莞爾は、『最終戦争論』の末尾に「仏教の予言」という一章をもうけて、仏教思想や日蓮宗、あるいは国柱会の思想を、かなり詳しく論じている。

《私は宗教の最も大切なことは予言であると思います。仏教、特に日蓮上人の宗教が予言の点から見て、最も雄大で精密を極めたものであろうと考えます。》（石原莞爾『最終戦争論、戦争史大観』）

これらの発言から、石原莞爾は、《宗教》とか《予言》というような非合理的匂いのする言葉を使いながら、極めて理性的、合理的な思考態度を失っていないと言っていい。

新連載

高嶋辰彦―皇道兵学による文明転換①
天日奉拝によって感得した神武不殺

本誌編集長　坪内隆彦

近代以降、欧米が主導してきた物質文明はいま曲がり角にきている。戦争の分野においても、軍事的手段と非軍事的手段を組み合わせた「ハイブリッド戦」の時代が到来する中で、近代西洋兵学の限界が指摘されている。こうした中で、いまこそ注目すべき人物が、皇道兵学の樹立によって文明の流れを変えるという野心的な構想を抱いていた高嶋辰彦である。

天日奉拝によって体得された神武神策

昭和十二(一九三七)年七月七日、盧溝橋事件が勃発、八月二日に高嶋は陸軍歩兵中佐・参謀本部作戦課戦争指導班長に就いた。その直後、日支は全面戦争へと突入していった。高嶋は作戦部長の石原莞爾と同じように、戦争不拡大を唱えていた。ところが、昭和十三年一月十六日、「蒋介石を対手とせず」という近衛声明によって、支那事変は新たな段階に入る。

この日、高嶋は日記に「陛下の熱烈なる和平の御念願も空しく、我等半年の努力も実を結ばずして、事こに至りたるを知る。実に千秋の恨事なり…翌日更に事実を確かめ、同室の秩父宮殿下をはじめ、一室満坐悲憤の涙にむせぶ」と書いている。

高嶋は、軍職に対してのみならず、人間としての希望までも失ったような寂しさを覚え、日夕深刻な心の矛盾に悩んだ。彼は不拡大派として主流の座から外れようとしていた。現実の仕事と自らの信念との間の板挟みとなり、悪夢のような数カ月間を過ごした。するとある日、ふとある考えが胸に浮んだのだった。

朝日の出の荘厳な姿を拝することによって、心の憂

高嶋辰彦

さを晴らそうという考えだ。そこで、彼が向かった場所が、九十九里浜の片貝だった。片貝の海岸にささやかな庵を作り、毎週末庵に泊まって、毎朝、日の出に合わせて禊行を繰り返したのだった。すると、ある朝、高嶋の胸に次のような考想が浮んだのである。

「日本の戦争はいくさであってたたかいではない。民草を生かす人道に沿った作用行動であって、たたきあい、殺しあいが最後の目的ではない。従って日本人の戦争に従事する者は、わが身を大切にし、上官、部下、戦友と心を合わせて助け合い、行く先々の民をいつくしみ、不毛を開拓し、民を暴力から防衛し、民衆の安泰、正しい平和の確立を基礎づけるべき作用である。この目的にさえ沿う場合には、敵を殺すこともなるべく避けて、目的の達成を第一義とし、敵をも隔てぬ同仁のなさけ、已に逝きし戦友の遺言は、敵味方双方の供養をも行うべきものである」

この天日奉拝によって、高嶋はわが国に一貫する太陽（天津日）と日神（天照大神）を仰ぎ奉る民族的信仰に立ち返ったのではあるまいか。

あまてらす神の御光ありてこそ
わが日のもとはくもらざりけり（明治天皇御製）

さて、東京に戻った高嶋は、胸に浮かんだ考想を裏付けるために、古今東西の関連文献を貪り読んだ。そして、東西兵法の極意、古今の名将の言行は、それぞれ表現の差こそあれ、究極においては全て神武不殺や敬天愛人の原理が必勝不敗の要道として貫き説かれていると確信したのだった。ここで高嶋がたどり着いたのは、神武天皇の兵法に示される神策だったに違いない。

神武神策は、天照大神の御稜威のご加護によって戦わずして勝つことを終局の目的とした兵法である。

大星伝――「天照大神（天皇）を背負って戦えば必ず勝利する」

神武天皇は生駒山西側の孔舎衛坂《くさえのさか》で、長髄彦軍と戦ったが、この戦いで流れ矢が兄の五瀬命《いつせのみこと》に当たり、進軍できなくなった。『日本書紀』には、次のように書かれている。

〈孔舎衛坂にして、与に会《あひ》戦ふ。流矢有りて、五瀬命の肱脛に中《あた》れり。皇師《みいくさ》進み戦ふこと能《あた》はず。天皇憂ひたまふ。乃ち神策《あやしきはかりごと》を冲衿《みこゝのうち》に運《さだ》めたまひて曰《のたま》はく、今我は是れ日神《ひのかみ》の子孫《うみのこ》にして、日に向ひて虜を征つは、此れ天道《あめのみち》に逆れり。退き還りて弱きことを示して、神祇《あまつかみくにつかみ》を礼《ゐや》び祭《いは》ひて、日神の威《みいきほひ》を背に負ひたてまつりて、影の髄《まにま》に壓《おそひ》躡《ふ》まむに若かじ。かからば即ち曽て刃に血ぬらず、虜必ず自からに敗れなむ〉

通常、「神策」は「あやしきはかりごと」と訓むが、高嶋らの後援により日本武学研究所を設立した佐藤堅司は、「かむはかりごと」と訓むのが正しいと説いている。

神武天皇は、皇軍が東に陣する長髄彦軍を西から攻撃して不利を得たのは、日（太陽）に向かったためだとご説明され、勝利のためには日を背にして戦わなければならないとお説きになったのだ。佐藤は、これは形而下的な説明であり、神武天皇の御本意は形而上的御説明にあると拝察されると述べ、次のように指摘する。

「天皇が日に向ふのは日神　天照大神に対し奉つて不敬であり、天道（「神道」と見て差し支えない）に反することである。日神の御威徳を奉戴し、日神の御影のまゝに敵を襲ふならば、刃に血ぬらずして必ず勝利を得るであらうと仰せられたところに、われらは神策の本質を認識することができるのである。……皇軍の抱懐すべき兵法の本義は、天照大神と天皇との御稜威を奉戴して大楠公不朽の垂範に則り、七生報国、神策の実行者をもつて任ずることでなければならぬ」

『兵学思想入門』を著した拳骨拓史氏が指摘しているように、平田派国学者の中条信礼《のぶのり》は、神武天皇の「神策」に示されるように、天照大神の御稜威を後ろ盾とした行為こそが神武だとし、それは天皇だけではなく、一般国民であっても彼らの尊敬する神々や天皇の御稜威を後ろ盾とした場合、そこに神武が備わるのだと説いている。

この神武神策こそ、「天照大神（天皇）を背負って戦えば必ず勝利する」という大星伝の起源である。江戸時代の兵学諸派は大星伝を強調したが、特に注目すべきは北条流兵学の大星伝である。山鹿素行の兵学の師であり、北条流兵学の祖である北条氏長は、それまでの大星伝の中世的軍配思想を止揚して、全く道義的な解釈を採り、全てを天照大神の信仰に帰一させた（小林健三『垂加神道の研究』）。氏長はまた、「大星」について「大は一人なり。星は日生なり。一人日に生ずるは天照大神なり。我が国開闢の始め、一人まず生じ給う」と書き、尊皇思想を展開していた。

皇軍としての誇りと自覚

高嶋の神武神策への着想は、天日奉拝を契機としていたが、名古屋陸軍地方幼年学校に授かった教育が重要な意味を持っていたのではないか。同校は、幼少時から幹部将校候補を養成するため名古屋に設けられた全寮制の学校である。

高嶋は、明治三十（一八九七）年一月十日、福井県坂井郡三国町に多賀谷儀三郎の四男として生まれた。名古屋陸軍地方幼年学校に十四歳で入校したのは、明治四十四（一九一一）年九月である。辰彦は、その前年、同校受験の際の成績が抜群だったため、三国町出身の桑名連隊区司令官高嶋嘉蔵少佐に見込まれ、養子として入籍、高嶋姓となった。

名古屋陸軍地方幼年学校で、高嶋に強い影響を与えたのが同校教頭として倫理の講義を担当した石川一男であった。高嶋は次のように振り返る。

「先生の倫理教育の重点は、勅諭勅語の謹解等を通じて歴代の御聖徳を具体的に教示され、民については忠節至誠、献身奉公等の実績の例を古来の人物について、しかも血湧き肉躍るようなお言葉で教示され、われら幼年生徒の心は異常な感動の中に自然に培われたのであった」

明治の時代には、こうした教育によって皇軍精神が培われていたのだ。年明け早々、筆者は防衛研究所を訪れ、高嶋辰彦日記を閲覧した。彼の日記は名古屋陸軍地方幼年学校に入校した明治四十四年九月一日に始まる。幼年学校生徒として御皇室の奉送迎の際に天顔を拝し、尊皇心、皇軍としての誇りと自覚を強めていく様子が、日記からは窺える。いくつか例をあげる。

「余等草莽ノ微臣ニシテカラモ天顔ニ咫尺《しせき》シ奉ルヲ得ルハ何タル幸栄ゾ　皆陛下ガ寛徳ノ六合ヲ照シマスガ故ナラズヤ　余等武学生タル者豈《あ》ニ発奮興起スル所ナクシテ可ナランヤ」（大正元年十月十四日、皇太后陛下の伏見桃山陵御参拝について）

「昨日　皇太后陛下奉送迎ニ際シ畏クモ真近ク神姿ヲ拝スルヲ得タルハ　光栄之ニ過グルモノナシ　然ルニ御停車中　陛下ニハ彼処ニ在ルハ何タルヤトノ御問ニ皇太后太夫ハ師団長ニ問ヒ其ノ幼年生徒ナルヲ奉答シ爾後之レニ就キ種々御話アリキト云フ　嗚呼　皇室我等幼年生徒ヲ愛シ給フ何ゾ其レ優渥ナル　幼年生徒熟慮セズシテ可ナランヤ」（大正二年九月三十日）

「玉顔麗ハシク忝クモ真近ニ拝スルヲ得タルハ微臣タル余輩ノ光栄」「皇太后陛下ヲ拝スルヲ得タルハ余之レヲ以テ四回ナリ……余輩之ノ聖代ニ遭フ豈ニ感慨ノ至ナラズヤ」（大正二年十月五日）

山鹿素行『中朝事実』との出会い

幼年学校時代の日記からは、高嶋の乃木希典大将への尊崇や、山鹿素行への傾倒ぶりも窺える。例えば、大正元年十一月十七日の日記では、乃木の言行録を読んだことに触れ、「嗚呼大将ナルカナ大将ナルカナ余輩武学生タル者　奮励努力以テ大将ノ遺志ニカナハズンバアルベカラザルナリ」と書かれている。

大正二年に入ると、素行への言及が目立つようになる。同年五月十六日には、倫理の授業について「山鹿素行先生ノ話ヲ聴ク。感慨多シ」と記している。同年十月十二日には、「中朝事実ヲ読ミ山鹿素行先生ノ伝ヲ愈々深ク知リ自ラ恥ズルコト頗ル切ナリ」と書いている。

山鹿素行

『中朝事実』の「中朝」と

は、日本のことを指している。素行は「日本こそが中国《なかつくに》なのだ」と高らかに宣言したのだ。徳川幕府時代、夏王朝に代表される古代中国の王朝政治を理想として崇める「慕夏《ぼか》主義」が、幕府の御用学者の間に蔓延していた。この「慕夏主義」に正面から挑んだのが、素行の『中朝事実』だったのである。素行が覚醒した背景には、江戸幕府が手本としていた明国が滅亡したこともあった。

小室直樹は、「山鹿素行は、易姓革命によって、いちばん大切な君主の義という根本規範がシナでは蹂躙されていることを知った。素行は、また、シナでは、これもまた大切な根本規範たる華夷の弁も失われていることを知った」と書き、倫理、道徳という規範が守られているのは日本なのであり、だから日本が中国であり、中華なのだと説いた素行の言説を、「コペルニクス的転回」であると評した。

『中朝事実』は高嶋が深く尊敬した乃木大将の座右の書でもあった。明治天皇の大喪に際し、乃木は自決する二日前の明治四十五（一九一二）年九月十一日、東宮御所へ赴き、皇太子裕仁親王殿下（後の昭和天皇）だけにお目にかかりたいと告げた。当時、乃木は学習院院長、御年満十一歳の皇太子殿下は学習院初等科五年生だった。以下、そのときの模様を大正天皇の御学友、甘露寺《かんろじ》受長氏の著書『背広の天皇』に基づいて紹介する。

乃木は、まず皇太子殿下が陸海軍少尉に任官されたことにお祝いのお言葉をかけ、「いまさら申しあげるまでもないことでありますが、皇太子となられました以上は、一層のご勉強をお願いいたします」と申し上げた。続けて乃木は、「殿下は、もはや、陸海軍の将校であらせられます。将来の大元帥であらせられます。それで、その方のご学問も、これからお励みにならねばなりません。そうしたわけで、これから殿下はなかなかお忙しくなられます。――希典が最後にお願い申し上げたいことは、どうぞ幾重にも、お身体を大切にあそばすように――ということでございます」

ここまで言うと、声がくぐもって、しばらくはジッとうつむいたきりだった。頬のあたりが、かすかに震えていた。

顔をあげた乃木は、「今日は、私がふだん愛読しております書物を殿下に差し上げたいと思って、ここに持って参りました。『中朝事実』という本でございまして、大切な所には私が朱点をつけておきました。ただいまのところでは、お解りにくい所も多いと思いますが、だんだんお解りになるようになります。お側の者にでも読ませておききになりますように――。この本は私がたくさん読みました本の中で一番良い本だと思いまして差し上げるのでございますが、殿下がご成人なさいますと、この本の面白味がよくお解りになると思います」と述べた。自刃を決意した乃木が、最後の仕事として是非とも皇太子殿下に伝授しておきたかったのが、『中朝事実』だったのだ。

皇道兵学の樹立を志した高嶋への影響を考えるとき、最も重要なのが『中朝事実』「武徳章」で素行が説いた神武神策である。

素行は、伊弉諾《いざなぎ》と伊弉冉《いざなみ》が天浮橋《あめのうきはし》に立って天之瓊矛《あめのぬぼこ》（天沼矛）で渾沌とした大地をかき混ぜたとき、矛から滴り落ちたものが積もって島となったという「国生み」の神話に注目し、「大八洲の成ること、天瓊矛に出つ、其の形即ち瓊矛に似たり、故に細戈千足国《くわしほこちだるくに》と号《な》づく。宜なるかな、中国《なかつくに》（日本）の雄武なるや。およそ開闢《かいびゃく》以来　神器霊物甚だ多し、しかして天瓊矛を以て初となす。これ則ち武徳を尊び、以て雄義を表するなり」と書いている。

その上で素行は、神武天皇のご東征について、「其の策、其の兵、皆、神に出づ。神は乃ち天なり。天以て之を授け、人以て之を与す。これ帝が神武たる所以なり。或は疑ふ。天授け人与し、神武にして殺さざるは聖人の兵なり。……東征六年の間、その兵を鳴らすこと僅に一年にして、中国風塵《ふうじん》を絶つ。神武不殺の大兵、天授け、人与するの至徳併せ考ふべきなり」と述べている。

若き日に『中朝事実』を教わり、素行の説く神武不殺の大兵の理想を理解していたからこそ、高嶋は支那事変拡大に直面して悩み、やがて天日奉拝の行を通じて神武神策を体得するに至ったのではないか。

皇道による文明転換への志

以来、高嶋は皇道兵学による文明転換を志した。その志は戦後も揺らがず、昭和五十三（一九七八）年に亡くなるまで四十年間続いていくのだ。いまこそ我々は、この志を引き継ぐときなのではあるまいか。

昭和十三年三月に国家総力戦を研究するため、参謀本部第一部の外郭団体設置が認可されると、高嶋は「総力戦研究室」を立ち上げた。この研究室は、翌月名称を「国防研究室」と改めた。このとき、高嶋に求められていたのは、総力戦の理論構築であったが、彼はそれを皇道思想によって色づけたのである。

高嶋の研究の最初の成果は、同年十月二十四日に完成した『皇戦』である。副題に「皇道総力戦世界維新理念」とつけられた同書序文には、「此の世紀を貫く長期に亘るべき国家総力の戦ひは、我が國體の本義に徹し、正しき東亜乃至世界の再建を目指すとき、始めて悠久に亘って必ず勝つのである。本篇の目的とする所は、此の皇道に即する我が総力戦と、之れに依る世界維新に関する理念の検討である」と明確に書かれている。

巻末「真日本の完成」には、近世の世界を風靡したアヘンのような西洋学を日本・東洋から一掃し、真に東洋に帰り、いよいよ深く日本自らを究め、建設されるべき「真正日本学」によって、皇道東洋学、皇道世界学に発展させ、それによって世界文化の維新に貢献しようという志が示されている。

『皇戦』の完成とともに、高嶋は「広範な人々に、国防学研究の必要を訴え、啓蒙の成果を挙げるため」に、皇戦会の発足に動き始めた。ところが、陸軍次官の東條英機中将に反対され、年内に発足させることはできなかった。それでも、高嶋は皇戦会構想を諦めず、昭和十四年一月十一日に、教育総監部第一部神田正種少将、陸軍大学校幹事坂西一良少将を発起人として皇戦会趣意書を書き、賛助者の署名を集めて回り、皇戦会発会にこぎつけたのである。

四月一日に軍人会館において発起人会が行われ、五月五日に青山の青年会館に皇戦会事務所を開設、五月二十日に財団法人の許可を得た。会長に靖国神社宮司鈴木孝雄大将、顧問に平沼騏一郎首相、荒木貞夫文相、柳川平助興亜院総務長官をはじめ多くの人を迎え入れることにも成功した。

しかし、皇戦会を旗揚げした高嶋の前には大きな壁が立ちはだかっていたのである。

（続く）

新連載

日本文明解明の鍵〈特攻〉①
日本異質論と奇跡の国日本論をこえて

歌人・評論家　屋　繁男

1、文明論として特攻は論じなければならない
①日本人が信じている文明
②特攻＝日本文明最大の課題　―純粋贈与―
③ベルナール・ミローの特攻観

2、日本文明における特攻の意味
①特攻作戦の賛否両論
②特攻は日本文明では何故可能なのか
③航空特攻の成果
④回天での効果とその成果
⑤特攻を組織したことも文明論的課題である

3、日本語における日本文明の特質
①日本人のわたしとは何か
②おはようという挨拶
③さよならという挨拶
④日本語と印欧語の差異　―神の視点と虫の視点―
⑤日本語と印欧語における主語述語関係の違いとその文明論的差異

4、日本文明の独自性に宿る普遍性
①日本人における他者や自然との関係性
A　万葉歌における他者や自然との関係
B　茶の湯における日本人の思想と倫理
②大勢順応主義の両面性
③日本異質論と奇跡の国日本論をこえて

1、文明論として特攻は論じなければならない

①日本人が信じている文明

日本人はすべての主体性を自然や物に一体化させようという根深い願望を古来持っている。思うにそれは恐らく物自体の有する神秘性、つまり瞬間瞬間の中に現れては消えていく時間のうちに存在し続ける物の神秘性に対する信仰といえるかもしれない。

また、それら物が生々流転の結果出来事として生じる姿を神秘的なカミと感じているといってよい。だからこそ、自己という主体、つまり現世の世の欲望とその実現に意味を持った考えがその個体性を捨て去り、全体的な存在の本源に還りたいと思うのかも知れない。欧米的主体主義、人格主義から見ればニヒリズムにしか見えないそのような日本人の有り様の生き方は、極めて現世主義精神に基づく西洋哲学的な言葉で言えば一種の存在論的哲学であろう。けだし日本人の現世主義は主体が観念や想像に陥ろうとする傾向を極力排除し、今ここにある生活そのものの一瞬一瞬つまり実存を信じていこうとする態度にほかならないからである。しかも、日本人は長い縄文時代も含めると一万年以上にわたって、このような生き方に依拠し続けて現代にいたっているといってよいであろう。

その結果日本人は欧米人のように、一神教的幻想に支配されることもなく、現世を直視し、そこに現世の無常性、偶然性を骨身に感じ取り、それによく耐えてきたのである。そのような思考は次のような宗教的宇宙観を持つに到らしめたと言ってもよいであろう。即ち、人間はすべて、生成循環する生命の流れのうちに還って行き永遠の生命の流れとして母なる宇宙に抱かれて生き続けるという生命と宇宙に関する見方である。このような世界観を持つため日本人は、自己の生命や、死の非常さや、はては現世の無常感を味わいつつも欧米的なニヒリズムやデカダンスに陥らずに現在まで至っているといえるのである。

このような日本文明の性質特徴は、欧米や近くの儒教国家等とは根本的に異なるものであることを日本人はよく認識しておかなければならない。このような文明に近しいのは、南米アマゾンの原住民やオーストラリア原住民のアボリジニインディアンや、南洋の島々の人々の文明がそうであろう。こう言っては何だが現

代ではかなりマイナーな人々を取り上げたが、大きいというところではインドがかなり我々に近い文明といえよう。生成循環する生命の流れとか輪廻の思想とか、仏教とヒンズー教の違いはあるものの同じような思想がインドと日本にはある。もはや一神教や儒教の論理や倫理では世界はこれ以上やっていけないことははっきりしているからである。

ちなみに最新の遺伝子解析、ある種の男性遺伝子を見るとアフリカ東部に誕生したホモサピエンスの日本へと到達する一派は、アラビア半島を横切りアラル海インド南部を横断し、ベンガル湾を横断、さらにインドネシア諸島の海域を黒潮に乗り北上、沖縄、奄美の道の島づたいに日本本土に達したものらしい。

かつて大野晋という言語学者が、日本語の語源にインド南部のタミール語に類似した語が多いとして、日本語のタミール語起源説を唱えておられたが、再考するに値しよう。また稲の日本伝来もその遺伝子の解析により、半島からではなく南方から、つまり道の島等からのものと確定している。つまり一番最初の日本人のように遠く黒潮に乗ってきたのか、例の長江文明が黄河文明にほろぼされたときに、逃げた人々が沖縄や奄美を経由して日本本土に到達したことはほぼ確かで、従来言われた大陸半島よりの直接伝来はありえないことが分かっている。半島よりの人の流入は弥生も中期以降になってからである。戦後の古代歴史の基本的認識はとんでもない誤解と偏見に基づいて作られている。今述べた稲の道の遺伝子解析による証明にしても日本民俗学による南島方面への直感的こだわりの方がよっぽど当を得ていたのである。

またいわゆる古事記における高天原も、おそらくは南洋から来る黒潮の上のいずれかの島々か、長江文明の崩壊から逃げる途中の島々からである公算が高い。けだし、天皇という現在にいたるまで日本人が持つ制度、神聖首長制は、どう見ても大陸起源のものではなく、南島ないしは南方のものと言えよう。この制度を後から日本に来た大陸系の人々も含め、論者によっては遠く中東から来たユダヤ人も、この神聖首長制を尊重したのである。つまり血脈といういわば不変の「自然」を一つ真中に置くことによって、他を人間の行い、即ち欲望による争い等にまかせても驚くべき安定性をこの制度、神聖首長制が発揮することを我々の祖先や外来の人々も知っていたのであろう。

②特攻＝日本文明最大の課題　―純粋贈与―

制度としては国家や天皇への忠誠のために殉ずるということであるが、これだけでは、そのように日頃訓練されている職業軍人はともかく、招集された人々には充分ではないように思われる。

そこで考えられるのが「祖国」を守るという大義であり、その「祖国」を現在までつないできた生命のタスキリレーの重要な役割に自分たちが遭遇したという歴史認識である。つまり特攻隊員は生命をはじめとした良き物を贈与として受け取ってしまった者と捉えているのである。「贈与論」としてはフランスの社会学者モースのそれが有名である。これに似てはいるのであるが、特攻隊員のそれはさらに発想は独特なものである。一般に贈与された者は当然に「負い目」を背負うことになるのであるが、彼らの直面した贈与関係は一般的な贈与をさらに突きつめた、言ってみれば存在論的な「負い目感情」と言ってもよいものだと思われる。その「負い目感情」は原始的な社会の相互扶助や利他的行為を貫く原理であり、戦前だけではない個人主義が横行する戦後でさえもなお我々日本人がもっている心的傾向なのである。これを「純粋贈与」と言ってよいであろう。

この純粋贈与に関して中沢新一氏は次のように述べておられる。後期旧石器時代の人類に発生した「贈与」の思考は、新石器革命による大規模な組織化を経て、一つの巨大な社会原理となったのちに、その極限に浮上してきた「純粋贈与」の思考を発展させて、さまざまな宗教の思考を生みだしてきた。（中沢新一：「愛と経済のロゴス」）その時に生みだされた宗教や思考の基礎にインセストの禁止があるが、これは男性から見れば女性の贈与ないしは純粋贈与と言えるであろう。そして、やがて贈与の互酬性が完成すれば通常の贈与関係の成立となるのである。

ではここで「純粋贈与」と日本文明さらには特攻隊との関係を少し考察してみよう。

①まず純粋贈与は贈り物が贈られそれへのお返しがなされるという通常の贈与の循環システムをとりあえ

ず破壊してしまう。つまり純粋贈与は贈与の循環が行われるサークルを飛び出してしまったところに現われる人間の営為なのである。

②次に贈与では贈与されたことを、いつまでも受贈者は忘れない。贈与されたなら返礼の義務があるからである。しかし純粋贈与では、贈ったことも贈られたことも、一切記憶されることを望まず、贈与者が誰かも知られないように行われ、しかも一切の見返りを求めない方法なのである。

③さらに贈与者の人格的アイデンティティーが消滅ないしは大きく変形していたり、贈与物（贈り物）の形やその個体性が壊れていたり、さらには通常の贈与の循環回路が役立たなかったような場合に純粋贈与は作動するのである。

思うに縄文時代という世界にまれな一万年以上に及ぶ新石器時代を文明として持っている日本人はこの純粋贈与という発想に他の民族に比べて大いに親しい感情を有するのは当然である。このような経済人類学的ないしは知識社会学的な教養ないしは成果であるこの純粋贈与という概念を借りて欧米人に理解させる方法は欧米、日本、南北のアメリカインディアン等の共通した社会システム「贈与」・「純粋贈与」という言葉を基準に論究するゆえにそれなりの説得と共通理解を得られることであろう。また日本人自身でもそういう説明で一応の理解納得を示すであろう。

しかし、一神教的、ないし、構造主義的（知識社会学、経済人類学）立場と我々日本人の多神教的、発生論的（神話的）な説明原理とはなお多分の差異のあることは否めない。特攻隊というのはそれ程日本文明の根幹にあるそして最大の課題と言わざるを得ないのである。

そして、そのことを特攻隊という日本文明の根幹を説明するための物差しとして語った例はまだない。

ところで純粋贈与という言葉については説明が必要であろう。贈与といえば贈与論で有名なフランスの社会学者マルセル・モースが知られている。先程も述べたようにこの贈与は通常お返しの返礼贈与が予想されるものである。しかし純粋贈与はそのようなお返しの贈与ができない種類の贈与という点が違っている。

そもそも純粋贈与というこの概念はもともと先にふ

れた中沢新一や柄谷行人という日本人学者が言い出したものである。即ち彼は世界史の新たな段階として「世界共和国」を構想する。そうすれば資本主義や国民国家を乗り越える新しい世界史の構造が出現するであろうと考えるのである。ここでの「世界共和国」とは、とりあえずは国際連合のことでありそこでの「世界共同体」に属する国家は、当然共同体であるから軍備を放棄することはもちろん、お互いに援助するという贈与の関係に立つことになるのだと考えている。（柄谷行人『世界史の構造』岩波書店　二〇一〇）さらに「右の頬を打たれたら左を差しだせ」というキリスト教倫理にのっとり、武力行使の放棄をうたう日本憲法九条を先ほどの贈与の観点、つまり互酬性の観点から発展した、一方向的な贈与（つまり軍備の放棄）をきたるべき「世界共和国」に対して宣言する。そしてそれに同意する国々が増えてくれば国連が改革され、真の「世界共和国」が成立することになると考えている。

筆者がこの論文を書いている二〇二二年四月ロシアのウクライナ侵攻によって、国家レベルでのそのような贈与関係は夢物語であることが証明された。とまれ、一神教的（キリスト教）論理だけで、すぐに簡単でなくとも組み立て実現可能だと考えているのだ。つまりこの論者の発想の裏にはキリストの架刑を純粋贈与か供犠と見なすキリスト教思想が透けて見えている。しかしこれらのいずれであるかを問う前に我々日本人には簡単には理解しがたい文明の文脈であることは確かであろう。それよりも我等の親の世代、特攻隊員たちの行為こそ純粋贈与と呼ぶにふさわしいものと思われる。

言うまでもなく我々の生や今ある共同体は先人たちからの贈与として受け継がれてきたものである。我々は先人たちに対して返礼の贈与を果たせないまま、無意識の負い目感情を持ち生涯を送る場合が多いものなのである。そのため利他的行為や相互扶助つまり贈与を行わざるを得ないものなのである。そして今まさに国、民族、文明が亡ぼされんとした時、この先人たちへの負い目感情と未来に生まれてくる人々に対する責任感が極限に達することであろう。ここに自己の生命を投げ打つ彼らの純粋贈与行為が成立する根拠があるのである。

以上、自己よりも他者と自然を究極的には選択するという日本人の文明論的文脈と純粋贈与という概念とはよく適合するものと結論してよいであろう。最後にこの節を終わるにあたって贈与ないし純粋贈与と供犠との関係を述べておきたい。けだし特攻行為を一種の供犠だと考える論者もおられるだろうからである。これは間違いではない。構造論的に見ればそういう側面もあるからである。しかし供犠はもっと象徴的なものであり、贈与や純粋贈与とは出自が違っている。欧米人ならば特攻に関してもそちらの方がよく理解できるであろう。言わずと知れたキリストの架刑が供犠の最大のものであるからである。それどころかキリスト教文明はそれを基礎として築かれている。したがって優れた西欧の文明論者たちから見れば、いわば特攻隊員たちの純粋贈与によって存続し続けている日本は、良きも悪しきもとんでもない異世界と分析、直感しているることだろう。日本異質論、奇跡の国日本論はここに起因している。

日本の思想者、文明評論者たちは我々からは文明論的には極めて理解しがたいキリストの架刑及びその供犠論的意味よりは特攻隊員たちの純粋贈与こそ探求すべきである。日本ではキリスト教信者は未だ三%もいないことを忘れてはならない。日本人が最後の最後に何を信じているのかそのことを思考すべきである。それは身近なところにある。

③ベルナール・ミローの特攻観

まずフランスのジャーナリスト、ベルナール・ミローはその著、「L'EPOPEE　KAMIKAZE（一九七〇）、神風（内藤一郎訳）昭和四七年」で以下のように述べておられる。

近代のヒューマニズムに原点を置く、いやそれ以上にキリスト教的一神教に原点を置く西欧人にはまことに理解しがたく、その思想や文明とは全く異質で相容れない文明との出会いだったと言えるであろう。平素いかにもつつましやかな茶の湯等の文化を有する洗練された日本人が、国や民族の重大事には突然に残酷な動物に変身することに対する驚きを正直に述べる場合がほとんどである。

そして、この控えめで、自己を表に出さない日常であるがゆえにこれら緊急の場合には長期にわたって抑えられていたものが一旦そのはけ口を見つけた場合の熾烈な行動として日本人の特攻と特攻作戦を理解するのである。

ところがベルナール・ミローは一方で、このような自己犠牲的戦術は第二次大戦で初めて実行されたようなものではなく、このような実行事例は、古代にまでさかのぼった栄光と伝統のうちに確固と位置付けられることも認めてはおられるのである。特に「それどころか、古代のある種の神秘的夢想を現実のものとする方法さえ見出したのである。（同書訳）」という指摘で、ある部分当たっており、近代世界の中に神話的な規範を持ち込んだ戦前までの日本人のこと言い当てていることは間違いない。当然、ジャーナリストのベルナール・ミロー氏にそれ以上の期待をするのは酷であるが、しかし、その神話的な部分も含めて論じないと特攻とその作戦の実行とに関する日本文明の問題点、すなわち西欧人から見たその謎は解けないものと思われる。

「まったく大戦後期の日本の自殺攻撃のほとんどのものが、あらかじめ決意された個人の決心から出たものであるという事実は、われわれ西欧人にとっては到底とりつくしまもないほど理解しがたいことである。（中略）一九四四年一〇月二五日に、最初の組織的な「特別の」集団攻撃が実行された時には、西欧精神は真っ向から不可解の壁にぶつかってしまったものであった。（中略）大多数の西欧人は、これら死の志願者たちが、他の人間の心理構成や思考には、どんなにしてみても絶対に当てはまることのない、時に神がかり的な図式にのっとった、一種の狂信的ロボットなのだと考えたのである。また一部の人たちは、彼らを全然別の世界の生物だと解釈したものであった。（同書訳）」

そして、その書の序文において、かつての日出ずる日本帝国は、アメリカとの接触ですっかり変わってしまった。日本の敗北すなわちアメリカによる占領という事態は、この国の性格を深いところで変質させた、つまり日本文明そのものが変わったと考えているのであろう。そして「昔の伝統はもはやこの国の人心にはほとんど生存していない」（序文　緒言）と述べておられる。しかしそうであろうか。文明はそう簡単に変わるものではない。

神詠と述志からなる日本の歴史 ⑤

山邉の道にある日本武尊歌碑
川端康成揮毫（筆者撮影）

古事記が今に伝えるもの

歴史学者　倉橋　昇

前回、保田與重郎が明らめた萬葉集の精神について述べた。そこで萬葉集がいかに尊いかを述べたが、その尊さは萬葉の歌が素朴だからなどという近代人の賢しらのためではなく、皇神の道義を我々に教えてくれるからである。人の代にこの道を知り得ることがいかにありがたい事か。萬葉集巻一の第一に掲げられている雄略天皇の御製はその道義が結晶と化したかのような御歌である。

籠《こ》もよ　美籠《みこ》もち　堀串《ふくし》もよ　美堀串もち　この岳《をか》に　菜摘ます兒《こ》　家告《の》らせ　名告らさね　空見つ　大和の國は　おしなべて　吾こそ居れ　敷きなべて　吾こそ座《ま》せ　吾をこそ　背とは告らめ　家をも名をも（萬葉集巻一）

保田はこの御製に、神詠の風景を味わったと言う。「この歌を思ふ時、わが全生命、全歓喜のやうな、ただ悠久な思ひがする」（保田與重郎『日本の文学史』）と述べ、この御製を巻頭に掲げた大伴家持の志を絶賛するのである。つまり、我々は萬葉集に、神の神詠と人の志によって紡がれてきた一筋の道を見ることができる。

これまでの稿で筆者は、その志について明らかにしてきたつもりだが、本稿は神詠とは何かを明らかにしつつ、我が国の歴史を神代から貫く精神について述べていきたい。

神のことばと古事記

神代の「神のことば」を今に伝えるのは古事記である。当然ながら、我が国の文学は古事記から始まる。そして、それは古の王朝を一貫してきた文藝の道を経て、これを受け継ぐことを悲願とした文人たちが繋いできた道のお陰で今に伝わる。これこそが保田が長年説いてきた我が国の文学の道、つまり民族の文藝であり、保田の言葉を借りれば「きらめくやうな人の心と志の歴史」(『日本の文学史』)ということになる。

この文藝とは、神から発せられたものを現世の人間に分かるよう伝えることと言えよう。古事記のありがたさは、「神のことば」を伝えるために「人のことば」で語られている点にある。すなわち、古事記はまさに「神のことば」から「人のことば」に至るところに存在していると言える。保田は「大凡に云つて、人のことばと、神のことばを、説き分つところに『文学』のあり方やあり場所が、了知されるやうである」(『日本の文学史』)と述べ、さらに、紀貫之や松尾芭蕉はこのけぢめを了解していたと説く。

これはつまり、貫之や芭蕉といった人々は、古事記の後も、「神のことば」を了知して、それを「人のことば」を以て伝えることができた稀有な存在であったということに他ならない。彼らのような文士たちが高い志を持ち、皇神の道義を今に伝えんとしたことは前回までに詳しく述べてきたので、改めてここで述べるまでもあるまい。ただ一つ、そんな芭蕉は「神名帳」一つを携えて奥の細道を旅したことは付言しておきたい。この事の重大さに保田が気づいたのは、彼もまた同じ文藝の道を歩んでいたからである。

神のことばと日本人

我ら日本人はこの「神のことば」に直接触れ、そのままの調べで心に入れることができる。斯かる点に於いて、異民族の神を信じ、その言葉を翻訳しながら理解しようとする世界の大半の人々と日本人は大いに異なる。実際、「神のことば」を源に持つ詩歌に日本人は今も親しみ、それは精神を形成する上での土台になっている。そこには、世界に広まった国際宗教が発達させたような神学、つまり論理的な理解や説得など必要なく、まさに神ながらの精神と神の系譜を伝える道があるだけである。保田は次のように述べる。

神の系譜にあらはれる言霊の詩美を、根源の「文学」

として考へるといふことは、代々の日本人の一つの詩情を形成するものだつた。（中略）古事記の神々の系譜の伝へは、日本人の詩文的感情の土台に、なつかしくかなしいことばのしらべとして残つてゐたのである。（『日本の文学史』）

古事記に伝わる神の御名、系譜、全てが詩的で美しい調べを持つのである。我が国の天皇《すめらみこと》が尊いのは、この系譜に属されるためであり、それを述べるのに理論や理屈は不要である。「徳」という一種の論理を説く儒教と我が国体が相容れないのは、そこに根源的な差異があるからである。尊いものは美しく、また美しいものは尊く、それを詩歌で伝えてきた我が国の風儀は、人が作り出した政治的イデオロギーとは無縁である。人工のものはいつか朽ちるが、天造のものは永遠である。この点、保田も「ある時代の合理的思弁に、永久な合理といふもののある例はない。永久な生命は、流行の合理主義にあらはれることなく、みな時代のものにして且つ不変の詩や文学に現はれた」（『日本の文学史』）と言っている。

しかし、近代日本人はいつしかこのことを忘れてしまった。キリスト教という異国の神の言葉に基づく近代西洋文明と合理主義を安易に受け入れ、我が国の原初から伝わる神のことばに耳を傾けることを忘れてしまっている。そのような我々近代日本人は、保田の次の言葉を心に刻み込むべきであろう。

日本の國と日本人を形成する中心となつた血統が、最も古い時代にもつてゐたものは、すでに最高のものだつたのである。ここに於て、文藝も文章詩篇も、すべて天造のもの、天成にして人為人工でなり得ないことを知る。神なくしてならないものを、神のことばのままに、口から口へ、聲によつて伝へたことは、まことに尊いといふばかりか、絶対のやうにさへ思はれる。（『日本の文学史』）

神詠から述志へ

では、神のことばによる神詠とはどんなものであったのか。保田がまさしく神詠であると考えていたものに、伊邪那岐命と伊邪那美命が開闢の初めに天の御柱をゆき廻り國産みをなさった時の唱和がある。

あな　美哉《にやし》
可愛《え》　少女《をとめ》を

あな　美哉
可愛　壮子《をとこ》を（古事記　上　二神の国生み）

このような神詠から我が国土並びに我が国の文学は始まったのである。保田は、この神ながらの風景は、かの有名な素戔嗚尊の妻ごめの歌、

八雲たつ　出雲八重垣　妻ごみに　八重垣作る　その八重垣を（古事記　上　八俣の大蛇）

とも全く異なるものであると指摘している。さらに、時代が下って日本武尊の歌になると、これはもう人の代の歌となり、趣が全く違ってくる。

嬢子《をとめ》の　床の邊に
吾が置きし　つるぎの大刀
その大刀はや（古事記　中　景行天皇）

保田は、この日本武尊の臨終の御歌を、美しく儚く、この歌一つで後々の日本文学の全部に匹敵すると年少の頃思ったとまで述べ、絶賛している。だが、同時に、保田は日本武尊の御歌には、神と人が分かれてゆく時間の厳かな移りがあると指摘している。（『日本の文学史』）つまり、日本武尊の哀しさは人の泪に濡れているのである。

このようにして、日本文学は神の文学から英雄の文学へと移っていった。神の天造の文学から人の述志の文藝へと移ったとも言える。その英雄の文学の第一が日本武尊の詩歌であり、文人の志の系譜はここから始まることになる。文人保田は次のようにその心境を吐露している。

神詠に始つた文学が、さういふ我執の水面をかち渡つてゆくところに、日本文学の念々と文人の志があると信じ来つた。神詠を思ひつつ、日本武尊を敬拝するところに日本文学の志を念じた。（『日本の文学史』）

日本武尊と弟橘姫命の情愛

古事記の中で描かれている、日本武尊が「吾妻はや」と亡き妻・弟橘姫命を想った場面は、人が成した文学の中でも屈指のものの一つである。古事記は、日本武尊の一行が焼津で敵の放った火から脱した後の場面を次のように記している。

そこより入り幸《いでま》して走水海を渡りたまひし時、その渡の神浪を興し、船を廻《もとほ》して得進み渡りたまはざりき。ここにその后、名は弟橘比売命白したまはく、「妾《あれ》御子に易《かは》りて海の中に入らむ。御子は遣はさえし政遂げて覆奏《かへりごとまを》したまふべし」とまをしたまひて、海に入りた

まはむとする時に、菅畳八重・皮畳八重・絁《きぬ》畳を波の上に敷きて、その上に下りましき。
　ここにその暴波自らなぎて、御船得進みき。ここにその后歌《うた》曰ひたまはく、
さねさし　相武の小野に　燃ゆる火の　火中に立ちて　問ひし君はも
とうたひたまひき。かれ、七日の後、その后の御櫛海辺に依りき。すなはちその櫛を取りて、御陵を作りて治め置きき。
　そこより入り幸して、悉に荒ぶる蝦夷等を言向け、また山河の荒ぶる神等を平和《やは》して、還り上り幸しし時、足柄の坂本に到りて（中略）かれ、その坂に登り立ちて、三たび歎かして「あづまはや」と詔りたまひき。かれ、その国を号《なづ》けて阿豆麻《あづま》と謂ふ。（古事記　中　景行天皇）

日本武尊と弟橘姫命の間の情愛を描いたこの場面は我が国の文学の源流の一つとなっている。つまり、古事記は後代の王朝の風雅の原型をも含んでいたのである。「天皇の恋愛の物語を峯として、皇統の歴史をうつすといふことは、王朝文学時代に忽ち発現し忽ち完成された考へ方でなく、すでに飛鳥の都の以前、大倭朝廷の歴史の考へだつた」と保田は指摘している。我が国の歴史が理屈や合理といったものではなく、情愛や詩歌を重んじてきたのは、すなはち神代から続く風儀《てぶり》によるのである。保田はこれを芭蕉と宣長から教わったという。芭蕉は神名帳を携えて奥の細道を行き、宣長は源氏物語と古事記を研究した。この事実が持つ意味を了解していた保田は次のように述べている。

　中世の遁世の旅の詩人たちが、古今源氏を旨とし心の灯としたのは、十分当然の理由があつた。その果に宣長が、「古事記」をあきらかにされたのは、國の歴史といふことを思つた時に、云ひやうもない重大事の開顕だつた。「源氏物語」を、この翁ほどによくよく読みあきらめられた先人も無かつたのである。（『日本の文学史』）

人工的な「丈夫ぶり」が持て囃された明治以降、近代日本人が「手弱女ぶり」と言って退けてきたものにこそ、神詠の伝統、つまり「神のことば」が受け継がれていたのである。それは、神の代から人の代に移って後、日本武尊と弟橘姫尊によって確立された、生産《むすび》に欠かせない人間の情愛を多分に含む道であった。

そして、この道は、古事記、萬葉集、古今集、源氏物語、新古今集、隠遁詩人、芭蕉翁、宣長翁によって今に伝えられてきたのである。それは、志なくして成し得なかった。保田はこれを明らかにし、同じ道を生きた文人であった。筆者が筆をとったのは、ただこの一事を恢弘せんがためである。

結び

日本文学の起源は神詠にあり、これが英雄の述志により、人の世に受け継がれてきたのである。故に、我が国の文学は善言美辞を旨とする。すなわち、神も人も美しい言葉を聞くことは心地よく、歌詠みはこれを旨とし、神が受け給う歌を詠まねばならない。芭蕉も宣長も保田も、この、文人が存在する理由をよくわきまえていた。それ故に、言霊の風雅によって初めて皇神の道義があらわれるという一事に國の根本を見出し、そこに不動の信を置き得たのである。

詩歌の他に、この言霊の風雅の伝統を継ぐものとしては、祝詞が挙げられる。保田は祝詞について次のように述べている。

祝詞は上代の最も緊張充実した文学だが、その内容は、一面からいへば、今日我々のことばでいふ「歴史」である。これを神話と云つてもよいが、あへて歴史といふのは、その詞が今生の生活と直接の関係をもち、今生の生活のおきてや約束、政道も道徳も、すべてこれによつて樹つものがあるからである。(『日本の文学史』)

我々の日々の暮らしは神代から受け継いだものであり、これは抽象的な「神話」などではなく、生産《むすび》の実体が伴っていることを意味する。保田はこれを「歴史」と称したのである。言霊の風雅は人の心を結びつけ、生産の核心となる。わが国の歴史は、この核心たる精神と道義によって貫かれるものであり、当然、現代に生きる我々も神代の神詠を源流とする言霊の風雅を旨とし、これを語り継ぎ言い継がねばならないのである。

古事記はそのために先人たちが語り伝えてくれたものである。これによって我々は神のことばを今に聞くことができ、それを後世に伝えることができる。これこそが、保田や宣長をはじめとする数多の歌人文人が明らめ、繋ぎ、守ってきた我が国の道であり、歴史である。

誠の人　前原一誠③
仁政、そして王道

本誌副編集長　小野耕資

※前号までのあらすじ

佐世八十郎（前原一誠）は、落馬で足を悪くした陰気な青年だったが、二十四歳の時に松下村塾に通い吉田松陰に触れる運命的な出会いを果たし、松陰からは「誠実人に過ぐ」と評され、師の死後その言葉を胸に「一誠」と名乗る。やがて松下村塾塾生は国事に奔走し、久坂玄瑞ら仲間は次々と横死していく。そして高杉晋作もまた第二次長州征伐の中病で死んでいった—。

よく生きるか恥じない死か

回天の才気を見せた晋作もまた、死んでいった。残された人に重いたすきだけを託して。

遅れても　遅れてもまた　君たちに
誓いし言葉　われ忘れめや

晋作が桜山招魂社で読んだ歌である。晋作が欧米列強と闘った下関戦争での奇兵隊死者を弔うために作ったのが桜山招魂社である。その後招魂社は各地につくられることとなり、東京招魂社は靖国神社と名を変えることになる。

弔らわる　人に入るべき　身なりしに
弔う人と　なるぞはずかし

自分は戦死者として弔われる人となるべき身なのに、弔う人となっているのは恥ずかしいことだという。晋作の回天の才気は、決して緻密な計算から生まれたものではない。むしろ死しても構わぬという文字通り必死の精神から生まれたものだろう。そこには、生きて栄達するなどという観念はみじんもない。ただ、先人から託されたたすきに恥じぬよう死ぬだけだ。そんな雰囲気がある。

先のことを言えば、一誠は没後百四十年を経た平成二十八年にようやく招魂社の後継たる桜山神社に合祀されたともいわれている。一誠の人生は、ただ先人に恥じず死ぬことにあったのではないだろうか。死後自分が弔ってもらえるかどうかすら念頭になかったであろう。

小倉の民を救う

第二次長州征伐は長州藩の勝利に終わり、幕府方であった小倉に乗り込んだ。もともと長州藩と小倉藩は幕末の動乱の中で仲が悪かった。奇兵隊隊士の中には勝ちに驕り、小倉藩の農村に火をつける人間などもいた。長州を危機から救ったのは自分たちだと豪語する者もいた。一誠はそうした行動をまったく好まなかった。一誠は小倉藩の領民にいささかも領土的野心がない旨を示したうえで、とりあえず年貢は旧慣通りとする旨を通知した。戦勝者が敗者から貪ることを好まず、あくまで旧来の秩序を尊重する方針である。

しかし戦禍にあえぐ民を見るにつけ、一誠はそれだけでは不充分だと感じていた。そこで一誠が出したのが、年貢半減令である。占領地小倉藩の領民の年貢を戦勝者が貪ることはおろか半分にするというのだ。これこそが一誠なりの仁政であった。一誠が師松陰から学ぶよう言われた頼山陽『日本政記』の「民政論」にはこうある。

「そもそも天智天皇が、賦役を定められるや、大洪水などがあれば、かならず租税を免除された。（中略）これより後は、米穀を賜わり、あるいは貸し与え、また租税を免除するといった政治が、歴代の朝廷において、記録に絶えたためしがない。（中略）いったい人民を賑わすといい、租税を寛やかにするということは、「名」の美麗なるものである。（中略）ただ上古の日本では、その精神は真に人民を恤むことにあった」（安藤英男訳）。

仁政こそ王道の政治であり、天皇統治にもかなうものであったのだ。為政者たる者仁政に努めなければならない。

松陰の『講孟箚記』には以下のような一節がある。

「世人或ひは謂らく、『王は天子の事にして覇は諸侯の事なり』と。而して孟子の論ずる所は然るに非ず。（中略）富商大賈金銀財帛の力を有し、恩を売り名を要する為にして窮民丐児を収養賑恤するは覇なり。又、身貧困なりと雖ども、一箪の食、一瓢の飲をも、分かちて親戚故旧と是を共にし、或ひは仰事俯畜の餘資を以て貧乏を恵救する類は王なり。」（近藤啓吾訳注）

前原一誠

世の人は王は天子のことであって覇は諸侯のことであると思っているがそうではない。カネ持ちが財力を使って恩を売り評判を得るために貧しき民を救おうとするのは覇道である。またたとえわが身が貧しくとも、わずかの食物を親戚や古くからの知人に分け与えたり、あるいは父母に仕える余力をもって貧乏な人々を救おうとするのは王道である。

一誠の目指した仁政は決して貧しき者に恩を売る類のものではない。真に人民を救いたいという誠意の表れであった。

時代は少し下り戊辰戦争の頃、一誠と同じく「年貢半減」を掲げた男がいた。相楽総三である。総三は戊辰戦争が起こると、「御一新」と「年貢半減」を掲げて東山道を東下した。総三は平田国学を学んだ人物であった。総三は維新を君のため、社稷のため、そして民のために起こすという信念を持った人物である。総三が掲げた「年貢半減」も、独断だったとは思われない。おそらく岩倉具視あたりの許可を得たものではなっただろうか。しかし総三は後に新政府から「偽官軍」と呼ばれ処刑される。総三に略奪や放火など失態があったことは確かである。だが総三が手のひらを返されて処刑された理由は、表向きはそうした失態であっても本当の理由はそうではないのではないか。総三らが掲げた「年貢半減」は膨大な軍費や勝利後の新政府の統治を考えれば邪魔なものとなる。従って宣布の任だけ果たして、用が済めば捨てられたのである。新政府は年貢半減などする気はさらさらなかったということだ。総三ら赤報隊幹部八人は、下諏訪で斬首される。新政府に裏切られて死ぬという、一誠の行く末をも暗示させる不幸な結末であった。

　さかのぼれば天誅組や平野國臣や、河上弥市（南八郎）の生野の変も「年貢半減」を掲げていた。河上弥市は高杉晋作の幼少期からの親友である。晋作は河上の死を聞いて「私の知り合いは世に数多くいるが、私の心を知るものは吉村虎太郎（＝天誅組の変で戦死）と河上弥市のみだ」と悼んだという。

北越戦争にて

　さて、戊辰戦争における一誠は、北越戦争に従軍することとなった。慶応四年、一誠は北越征討総督府参謀に抜擢され、山県有朋、黒田清隆、吉井友実らとともに先鋒を務めることとなった。北越地方は河井継之助が長岡藩を率いて徹底抗戦するなど、激戦地であった。一誠や山縣有朋ら長州人と、黒田清隆、吉井友実ら薩摩人とはまったくウマが合わず、長州軍と薩摩軍がそれぞれ勝手に動き出す始末であった。一誠は純粋な武人ではなく、また足も悪いので前線に出て戦うタイプではない。しかし一誠には維新を起す信念があっ

た。一誠はまず海軍だけでも連携しなければと、各藩の海軍を統括する海軍会議所の設置を進言し、了承される。まだまだしこりは残っているものの、これによって北越軍の内部分裂だけは避けられたのである。一誠は、参謀として長岡城攻略戦など、北越戦線で活躍したことにより、名参謀と称された。これは彼の生涯の中で最大の栄誉であった。

越後府判事として再び年貢半減

一誠はそのまま明治元年から越後府判事として占領地の行政に携わった。現地の百姓は戦禍で塗炭の苦しみを味わっており、水害もあったことから、一揆も頻発していた。そこで一誠は小倉に引き続き、再び越後の民に対して「年貢半減」を打ち出すのである。仁政こそ一誠の信念であり、仁政を忘れたからこそ幕府は滅びたのである。政治は民を安らかにしなければならないのだ。

こうした一誠の信念は、新政府内でも共感者を生み始めていた。北越戦争で従軍した際にはウマが合わなかった薩摩の吉井友実は、一誠に心を許し、その志に深く共感するようになっていた。西郷隆盛もまた、一誠斉に一目置くところがあったとも言われている。

一誠が年貢半減を打ち出した越後の地には、戦禍を被らなかった地もあり、また同時に発生していた水害の被害をも受けなかった地もあった。そうした地に対しても、一誠は年貢半減を適用しつづけた。仁政が一誠の信念だったからである。

こうした一誠のやり方に対し、財政難にあえぐ中央政府からは批判の声もあった。木戸孝允や大隈重信らは一誠をひどく批判していた。たしかに新政府は財政難であり、外国からの借金に頼っていた面もあったので、民から取り上げなければ外国にますます借金をしたり、カタとして本来国民の財産たるべきものを外国に譲渡さなければいけなくなる。そうした事情もあった。あちらを立てればこちらが立たずと

奥平謙輔

いう状況であったことも確かである。しかし一誠は民を見捨てるようなことは出来なかったのである。

ところで一誠には越後で知り合った男がいた。奥平謙輔という。一誠より七歳年下であり、長州藩士の息子であった。明倫館に学び、詩文もよくできた人物であったという。奥平は佐渡の民政を担当していた。彼らはこの地で民政に命を懸けると誓い意気投合したのである。

参議へ、そして萩に帰る

こうした一誠の状況を、新政府は問題視した。しかし人材も枯渇しており、一誠に癇癪を起されても困るという事情もあった。そこで新政府は一誠を参議に出世させた。参議にまつり上げることで東京に招き、越後から引きはがそうという魂胆である。

一誠が越後時代の最後に注力していたのは、水害の防止、つまり治水対策である。そこに舞い込んできたのが、先ほども述べた参議として東京に出仕せよという通知であった。一誠は乗り気ではなかった。

「まだ越後の治水事業も完成していない…」

一誠は東京に向かった。参議の栄誉に心躍っていったわけではない。越後の治水事業に中央からももっと多くのカネを出すよう迫りに行ったのである。そのために気乗りしない参議の誘いも受けたのである。

だが東京で見たのは、政府高官と称した連中が豪華な邸宅に住み、下男下女を囲い込みぜいたくな生活をしている光景であった。ともに師松陰の草莽崛起の志の実現に邁進していると思っていた連中がこの有様か！　一誠は恥ずかしくなった。それでいて彼らはカネがない、民政は確かに重要だ、だが民政に割ける余裕がないのだとほざくのだ。彼らがあばら家に住んで国政に尽力していたなら、民に涙をのんでもらうことも許されよう。だが、自分ばかりいい思いをしながら、民政に割くカネはないなどとどの口がいえるのかという思いである。一誠は新政府に真底絶望した。そして萩に帰る決断をしたのである。

「これはダメだ」

西郷隆盛もまた、似たような思いで薩摩に帰っていた。そして越後時代の同志奥平謙輔もまた、萩に帰ることを決めていた。

（続く）

世界を牛耳る国際金融資本④

自給自足は巨大防衛力だ

祖国再生同盟代表・弁護士　木原功仁哉

グローバル経済の弊害

これまでの連載では、国際金融資本が、本来なら国家に帰属すべき通貨発行権を簒奪した結果、世界の政治経済の支配者として君臨するに至ったのであり、こうした勢力を放逐しなければ我が国のみならず世界各国の真の独立は覚束ないということを述べた。

では、具体的にいかなる世界の経済秩序を目指すべきであろうか。このことを考える上で、グローバル経済の弊害について触れなければならない。

直近約50年間の経済危機としてニクソン・ショック（昭和46年）、オイル・ショック（昭和48年・昭和54年）などが発生したが、その原因は「ワン・ワールド」化されたグローバル経済の脆さにある。

一例として、平成20年に発生したリーマン・ショックでは、アメリカの大手投資銀行であったリーマン・ブラザーズが、住宅購入向けサブプライムローンが不良債権化し、同ローンを組み入れた金融商品の価格が大暴落したことが契機で経営破綻をした結果、世界全体で経済危機が起こった。我が国ではサブプライムローンがさほど流通していなかったため影響は限定的とみられていたが、海外の投資家がドル売り・円買いに走った結果、急激な円高となり、我が国の輸出産業に大打撃を与えた。

まさに対岸で火事が起これば、隣家どころか燎原の火のごとく世界中が延焼するというワン・ワールドの構造自体に根本的な問題があるのに、政府や経済学者、経済評論家たちは真正面からこの問題を論じようとしない。

グローバル化は、紛争や経済危機まで国際化させ、世界を不安定化させている。しかも、決して世界中の富が満遍なく分配されるのではなく、むしろその逆で、エネルギー資源が豊富な国や農業生産力の高い国が、資源や食料を戦略的に輸出させることで輸入国をコントロール下に置き、経済的に植民地化することを正当化する美辞麗句にすぎない。

その例として、昭和47年、ソ連の穀倉地帯が凶作となり、それが今後慢性化すると予測したアメリカは、急遽、これまでの政策を一変させ、余剰穀物を「戦略兵器」としてソ連に提供する構想に基づいてソ連へ緊急輸出し始めた。敵国に対して食料を供給することは敵国を救うためではない。敵国が他国からの食料支援に依存し続ける状態になれば、敵国との戦争時にはその供給を停止することによって敵国の経済を混乱させ、敵国民を餓死に追い込むことができる。それが火器を用いた武器を使用する以上の強力な兵器となるからである。強力な火器を使っても、穴蔵に逃げ込んだりして生き延びることができるが、食料を止められたら、穴蔵に逃げても餓死して絶滅する。食料を戦略兵器に使うということは、絶滅させる威力がある。

ところが、皮肉なことに、翌昭和48年4月、今度はアメリカが異常気象による凶作となり、トウモロコシ、大豆がアメリカでは絶対的に不足した。その結果、食肉物価の高騰を招き、同年6月27日、アメリカは、大豆の我が国向けの輸出を停止したのである。

このような植民地化を容認するグローバル経済から、各国が自給自足のできる体制に転換させる必要がある。それが「自立再生社会」である。

自立再生社会の必要性

国家として真の独立を維持するためには、可能な限り自給自足体制を取る必要があり、以下の歴史的事実がそれを物語っている。

それは、昭和17年11月20日に第八方面軍司令官としてニューブリテン島のラバウルに着任した今村均陸軍大将が、ガダルカナル島の悲劇を教訓として、内地などから弾薬、糧秣などの兵站が途絶えることを想定し、自ら率先して島内に広く田畑を耕作して完全な自給自足体制を確立し、米軍の空襲と上陸に対抗する強固な地下要塞を建設したことである。そのため、マッカーサーは、ラバウルへの攻撃を断念し、ラバウルだけを回避して、皇軍が守備する太平洋上の諸島への補給を阻止して皇軍将兵を餓死させる飛び石作戦へと転換した。その結果、ラバウルは敗戦まで死守され、約十万人の皇軍将兵は、玉砕することなく内地に復員したのである。これは、自給自足体制が防衛力としては何個師団もの兵力に匹敵することを物語っている。

翻って、現在の我が国は、戦後の世界の分業化の中で工業立国として位置付けられた結果、減反政策をはじめとする対米追従の農業政策を余儀なくされた。我が国の食料自給率はカロリーベースで30％台であり、これでは、有事の際に食料が輸入できなくなれば多数の餓死者が出るのが確実で、そうでなくても、昨今のロシアとウクライナの戦争などを契機に穀物メジャーが穀物を買い占めて価格が高騰し、物価高が起きるのは当然のことである。

国民の生存のために必要な食料の調達は自立再生社会に必須であり、その参考になるのは、ロシアの「ダーチャ」と呼ばれる農園付き別荘である。これが普及したのは大東亜戦争の頃であり、都市が敵軍に攻撃された場合であっても郊外で自給自足ができれば国民の命を繋ぐことができる。首都近郊のモスクワ州の場合、全世帯の3分の1が菜園を所有しているといわれ、平成15年のロシア国家統計局のデータによると、国内3400万世帯の8割が菜園を持つか、野菜作りの副業を行い、ロシアのジャガイモ生産量の92％を賄っていた。今日の物価高という「国難」にある我が国において是非とも見習うべき政策である。

本党の外郭政治団体である「兵庫むすびの党」は、家庭菜園・プランター菜園の推進を本年4月の統一地方選の公約に掲げており、実際に兵庫県内の支援者の農園を借りて農業に励んでいる。このような動きを各家庭に拡げるため、国や自治体は、家庭菜園などに取り組む世帯に対して補助金を交付するなどの政策が必要である。

また、エネルギーについても、尖閣諸島沖の油田採掘、海流発電などの発電事業を推進し、食料とエネルギーの自給自足ができれば、有事の場合でも国民生活を維持することができる。

賭博経済の撲滅

ところで、世界経済がワン・ワールドのままではいくら自給自足体制を構築しても過去の金融危機のごとく経済の混乱がいつ発生しないとも限らない。

すなわち、賭博経済（金融経済）が実体経済の動向を大きく左右させているだけでなく、国際金融資本の資産増大に寄与し、極度の格差社会を生み出しているから、その撲滅が是非とも必要である。

そもそも、経済には、その取引の内容により「実体経済」と「金融経済」の2種類がある。すなわち、スーパーで生活必需品を買ったり、電車に乗って運送サービスを受ける経済活動を実体経済（モノ・サービスとお金との交換）という。一方で、証券取引所で行われる株式やデリバティブ（金融派生商品）といった金融商品の取引を金融経済という。そして、金融経済の規模は、実体経済の10倍とも１００倍とも言われ、その実態は、為替、株価の変動を予想して、それによって利ざやを稼ごうとするから「賭博行為」と何ら変わりがない。また、投資家と称する「博打打ち」のために相場を予想する経済評論家を「相場師」という。つまり、金融経済は本質的に「賭博経済」であり、その規模が実体経済よりもはるかに大きいため、世界の一投資家が投機マネーを出し入れしただけで為替や株式が乱高下する。そして、為替は、貿易決済という本来の目的から逸脱し、投資家が為替差益を得るための投機の対象となっており、実体経済を左右させ、市井の生活が振り回される。これでは汗水流して働く私たちが全く報われない。

このような賭博経済は、犯罪的な経済格差を生み出している。すなわち、平成29年の時点では、世界の大富豪8人（マイクロソフト創業者ビル・ゲイツなど）の資産が世界の富の50％を占めているという経済格差が生じていた。さらに、今般のコロナ禍で在宅勤務（テレワーク）が一般的になった結果、巨大ＩＴ企業であるＧＡＦＡ（Google、Apple、Facebook、Amazon）がさらに富を増殖させ、経済格差はさらに拡大した。

つまり、富めるものをますます富ませるのが賭博経済の本質なのであるから、速やかに廃止しなければならないのである。

「維新」としての世界最終戦　現代に甦る石原莞爾⑧

統制主義

里見日本文化学研究所所長
金子宗德

専制主義―自由主義―統制主義

石原は、死の約一ヶ月前にあたる昭和二十四年（一九四九）七月、『新日本の針路』という一文を著した。石原が口述し、弟子の武田邦太郎が筆記したもので、マッカーサーにも届けられたというが、そこには石原の世界観が簡潔に示されている。

その冒頭、石原は世界の指導精神を歴史的に考察した上で、現代世界の指導精神は「統制主義」だと喝破する。

フランス革命は専制主義から自由主義への転換を決定した典型的自由主義革命であり、日本の明治維新もこの見地からすれば、自由主義革命に属する。自由主義は専制主義よりも遥かに能率高き指導精神であった。しかるに第一次世界大戦以後、敗戦国もしくは後進国において、敗戦から立上り、或いは先進国に追いつくため、自由主義より更に能率高き統制主義が採用された。ソ連の共産党を含み、あらゆる近代的社会主義諸政党、三民主義の中国国民党、イタリアのファッショ、ドイツのナチ、遅れ馳せながらスペインのフランコ政権、日本の大政翼賛会等はいずれもこれである。……

自由は人類の本能的欲求であり、進歩の原動力である。これにたいし、統制は自由を総合開顕せる指導精神であり、個々の自由創意を最高度に発揚するため必要最小限度の専制を加えることである。

今日自由主義を標榜して国家の運営に成功しているのは、世界にアメリカだけである。かつて自由主義の王者たりしイギリスさえ、既にイデオロギーによる統制主義国家となっている。しかして今やアメリカにおいても、政府の議会にたいする政治的比重がずっと加わり、最大の成長を遂げたる自由主義は、進んで驚くべき能率高き統制主義に進みつつある。国内におけるニュー・ディール、国際的にはマーシャル・プラン、更に最近に到っては全世界にわたる未開発地域援助方策等は、それ自身が大なる統制主義の発現に他ならぬ。

文中、イギリスに関する言及があるけれども、これは第二次世界大戦最末期の下院総選挙で労働党が勝利し、以後、アトリー首相の下で基幹産業の国有化と社会保障制度の拡充が進められていたことを踏まえたものだ。

「開顕」とは?

また、文中には「開顕」という用語も見られる。「現象に潜在する真理を開示し、法界の実相を顕らかにする」ひいては「悪や妄に覆われていた善や真を明らかにする」という意味で、法華哲学すなわち大乗仏教の天台教学において重要な思考法とされてきた。

因みに、この法華哲学=天台教学は、古代インドで成立した《サッダルマ・プンダリーカ・スートラ（その漢訳が妙法蓮華経）》を基盤として古代支那の智顗（天台大師）が大成し、最澄（伝教大師）によって日本へ持ち込まれ、日本仏教の本流として位置づけられたが、時代が下るにつれて世間から遊離した煩瑣なものとなる。こうした状況に反発したのが日蓮であった。日蓮は「立正安国」を唱えたが、それは、法華哲学=天台教学を「末法」と目される時代に即してアップデートし、それに基づいて社会を安定させようとする営みと云えよう。そうした日蓮を尊崇・渇仰する石原は、「自由主義」の悪しき面を排除して善き側面を助長する「開顕」の方法として「統制主義」を選んだのである。

「統制主義」と「全体主義」

ここで問題となるのは、この「統制主義」と「全体

主義」との関係だ。この点について、石原は『全体主義に関する混迷を明らかにす』において以下のように述べる。

　第二次大戦以後、全体主義にたいする憎しみが世界を支配し、その昂奮いまだ覚めやらぬ今日、これにつき種々概念上の混迷を生じたのは無理からぬことであるが、これを明確にせぬ限り、真に自由なる世界平和確立の努力に不要の摩擦を起こす惧れが多分にあり、特に行き過ぎた自由主義者や共産党の陣営において、かつて独善的日本主義者が自己に反対するものは何でも「赤」と攻撃したごとく、自己に同調せざるものを一口に「ファッショ」とか、「全体主義」とか、理性をこえた感情的悪罵に使用する傾向あることは十分の戒心を要するであろう。

……

　世界は多数の人の自由をますますのばすために統制主義の時代に入ったが、人口多くして土地、資源の貧弱なるイタリア、ドイツ、日本、特にドイツの如き、清新なる気魄あるしかも立ち遅れた民族は、その悪条件を突破して富裕なる先進国に追いつくため、かえって多数の人の自由を犠牲にし、瞬間的に能率高き指導精神を採用した。もっともナチのごときでも国民社会主義と称して居り、決して前時代そのままの個人の専制に逆転したわけではないが、国民全体のデモクラシーによらず、指導者群に特殊の権力を与えて専制を許す方式をとったのである。しかるに恐るるものなき指導者群の専制は、個人の専制以上に暴力的となったことを我等は認める。これを世間で全体主義と呼んでいるのは正しいというべきであろう。かくしてムッソリーニによって始められた全体主義は、ヒットラーによってより巧みに利用され、日本等またこれに従って国力の飛躍的発展をはかり、遂にデモクラシーによって順調に進んでいる富裕なる先進国の支配力を破壊して世界制覇を志したのが、今次の大破局をもたらしたのである。

この間すべてを唯物的に取り運ばんとするソ連は、今日アメリカと世界的に対抗し、真のデモクラシーを呼号しつつ、実はナチと大差なき共産党幹部の専制方式をとり、一般国民には多く実状を知らしめない全体主義に近づいているが、日本共産党はみずからこの先例に従って全体主義的行動をとりつつあるにもかかわらず、真の自由、真のデモクラシーをもたらさんとする正しき統制主義を「全体主義」「ファッショ」等と悪罵しているのである。

……今日統制主義の体制をとらねばならぬことはいずれの国も同様である。ただアメリカのごとき富裕なる国においては、最小の制約を加えることによって、いよいよ自由を伸ばし得るが、しからざる国においては制約の程度を強化せざるを得ず、そこに国民全体のデモクラシーを犠牲にし少数の指導者群の専制に陥る危険が包蔵されるのである。イタリア、ドイツ、日本等が全体主義に後退し、遂にそのイデオロギーを国家的民族的野心の闘争の具に悪用するに到ったのは、ここにその最大の原因が存したのである。

全体主義につき従来いろいろの見解があったが、我等はこれにつき統制主義の時代性を理解せず、指導者群の専制に後退したもの、繰り返していうが、その弊害は個人の専制以上に暴力的となったものと見るのである。しかしそれにもかかわらず、統制主義は今日、真のデモクラシーを確保するため、絶対に正しくかつ必要な指導精神であり、既にその先例はアメリカ、イギリス等に示されている。

「統制主義」政党の不在がもたらしたもの

前段で石原が指摘する通り、「統制主義」国家たらんとしたものの「全体主義」国家へと頽落し、世界秩序の変革に失敗して連合国の占領下に置かれていた日本は、米ソ冷戦下において如何なる針路を採るべきか。先述の『新日本の針路』において、「共産党を断然圧倒し得るごときイデオロギー中心の新政党を結成し、正しき統制主義国家として独立するのでなければ、国内の安定も世界平和への寄与も到底望み得ざる」という確信を披歴した石原は、その方向性を幾つかの側面において略述する。

まず、政治の目的について。

階級の利益に基づく既存の政治を否定し、道義的宗教的な理想に基づく政治の必要性を強調する石原は、「日蓮聖人が人類救済のために説かれた『立正安国』の教えは、『主義によって』『理想のために』行われる政治の理想を示すもの」、「『立正安国』は今やその時到って、真に実現すべき世界の最も重大なる指導原理となり来った」と述べる。「立正安国」と法華哲学＝天台教学との関係については先に述べたが、さらに云えば、「立正安国」とは大乗仏教が理想とする「仏国土」を現世に作り上げようとする決意の表れでもある。

次いで、経済運営と社会生活の在り方について。

前者を巡り、「資本主義とか社会主義とか、或いは自由経営とか官公営とか、一定してしまうのは適当でない」とする石原は、①国家的性格の強い事業は逐次国営とし、その運営も職業労働者ではなく青年男女の義務的奉仕による、②国民生活と密接に関わり、経営も安定している大規模な事業は組合に委ねる、③創意や機略を必要とし、経営的にリスクが伴う事業は、有能なる個人による経営を認めて自由競争に任せ、さらには高率の税金を課すこともしない、という原則を示す。

また、後者を巡り、都市の解体と農村の工業化が実現した暁には生産も消費も村落内部で完結させるという原則を示した石原は、生活単位であると同時に経済単位であった従来の家族制度の限界を認め、労働力を効率的に活用すべく衣食住や育児等の家事労働は家族単位ではなく村落単位で行うべきであると主張する。かくして捻出された労働力を性別ではなく各人の能力と関心に基づいて各職種に割り当てることにすれば婦人解放にも繋がるとも述べる。「育児の社会化」や「家事の外注」を実現すれば女性の社会進出が可能になると云っているわけで、現代の状況を先取りする議論である。加えて、家事労働を村落単位で行うことの副次的効果として、子世代が親世代を巡る負担（干渉や扶養）から解放されると明記されていることも興味深い。

とは言え、「共産党を断然圧倒し得るごときイデオロギー中心の新政党」は生まれなかった。自由主義者たちが形成した「保守」を標榜する自由民主党もさることながら、戦前無産運動の流れを汲む日本社会党も「統制主義」を標榜することはなく、その結果、日本の政治は機軸を欠き、自由民主党も日本社会党も、さらには共産党も自派の利権確保に汲々とし続けた。その結果、国民の少なからぬ部分は政治に対する関心を失っているが、このまま国民不在の利権争奪戦が続くと、「世界平和への寄与」は言うに及ばず、「国内の安定」はおろか「国家の存立」さえ怪しくなる。

今こそ、我々は「統制主義」を巡る石原の議論を振り返り、令和流の「正しき統制主義」を掲げる政治勢力を形成すべきではないか。

尊皇愛国の経営　第十回

台湾を全面支援します。その④

㈱フローラ 会長
川瀬善業《かわせよしなり》

五か国語が飛び交った円山大飯店の会議場

私が初めて台湾を訪問したのは昭和六十年の三月で、台湾で㈱フローラの純植物性消臭液のニオイノンノの総代理店を募集した時のことです。

その説明会の日、台湾で一番大きなホテルの円山大飯店の会場には、多くの総代理店希望の会社や個人が詰めかけていたので、私は彼らとの面接を順番にこなすだけで手一杯で、本来、一週間ほどだった滞在予定を一か月に延ばしましたが、その間、一歩も外に出られませんでした。

法人、個人合わせて二百を超える総代理店希望者が集まったこと自体は、嬉しい誤算でしたが、より印象深かったのは、日本の企業の総代理店になりたいと語る現地の人達の圧倒されるほどの熱心さでした。私は「台湾の人達はなんて親日的なんだろう」としみじみ感じ入ったものです。

円山大飯店の大会議場では、参加者は北京語、上海語、台湾語（閩南語）、客家語、日本語と、言語のテーブルごとに分かれて座ってもらいました。

日本語を話すのは、まさに戦前の日本統治時代を経験した世代です。元々の言語だった台湾語や客家語は、中華民国の支配を受ける以前から、台湾に先住していた人々が使っていた言葉です。そして、戦後に大陸から移住してきた人々が使うのは北京語、上海語と使う言語が細かく分かれていて、それだけでも、台湾が複雑な歴史を辿って来たことが窺え、興味深い体験でした。台湾語と北京語は、全く違う言語です。北京語で「ありがとう」は「謝謝（シェイシェイ）」ですが、台湾語では「多謝利（トウシャ リー）」と言います。

私はその後も何度か台湾を訪問しました。台湾は治安が良く、人々が親日的な台湾には、最初から好感を持っていましたが、さらに、日本と台湾との関係性を詳しく知るほどに、改めてますます台湾が好きになりました。

戦前の日本もブランドに

台湾では、日本統治時代の建物が現存し、そのまま使用されている例が多くあります。かつての台湾総督府は、総統府として現在でも使用されています。日本統治時代の象徴が取り壊されることなく、現在は台湾政治の中枢として、機能しているのです。

前回に書いた、台中の菓子店の「宮原眼科」も、現存する日本の建物のうちの一つです。日本統治時代に、眼科医の宮原武熊氏が台中で開業したのが「宮原眼科」でした。赤レンガ造りで二階建てのモダンな建物でしたが、日本の敗戦後、宮原氏は本土に戻り、宮原眼科の建物は空き家になっていました。

平成十一年九月二十一日に起きた台湾中部大地震（台湾では921大地震）で宮原眼科も被害を受け、取り壊す事になっていたのですが、台湾を代表する菓子メーカーの「日出」が買い取って、菓子店として建物を再建したのです。店名はそのまま「宮原眼科」で、建物の中は、かつての西洋モダン風な病院の内装が残っています。

台中にはもう一つ、「台中市第四信用合作社」があります。日本統治時代に銀行だった建物なので、いかめしい名前ですが、こちらも日出グループが経営する菓子店です。店内には、銀行時代に使用されていた本物の金庫がそのまま残っています。台湾の人々にとって、「日本」は一つのブランドなのです。興味深いのは、現代だけでなく、戦前の日本も含めて、ブランドとして捉えられている点です。

「アジア随一の兄弟国」の台湾との友情

親日的といわれる国家は、世界中に多数ありますが、台湾の場合は、単なる「親日」だけでは言い表せない深い両国の関係があると、私は思います。

蓬莱米《ほうらいまい》に代表される農業開発から、烏山頭《うさんとう》ダム等のインフラ設備、そして日本語による教育制度等、現在の台湾の基礎を作ったのは日本であると言っても過言ではありません。「化外の地」として台湾の開発を放棄していたシナ大陸の政権下では、現在のような発展を遂げた台湾の姿は実現し得なかったでしょう。蔡焜《さいこん》燦《さん》さんの著書の題名となっている「日本精神（リップンチェンシン）」とは、「勤勉、正直、約束を守る」という意味で、現在でも、台湾で重要とされている言葉です。明治以降の近代化も、戦後の経済復興も、「日本精神」があったからこそ、成し遂げる事ができました。

新装版
台湾人と日本精神《リップンチェンシン》
日本人よ胸を張りなさい
蔡焜燦
美しく、誇り高き「日本精神」は、今も台湾に生きている。どうか現代に生きる日本人は、かつて台湾人が感動し、見習った「日本精神」を忘れないでもらいたい——
本書は、旭日双光章を受賞した「愛日家」が戦後70年を迎えた祖国に送る「遺言」である

また、日本と台湾は「助け合いの精神」で結ばれています。友人が困っていれば、まずは黙って手を差し伸べるのが、人間なら当然の事ですが、これが国と国との関係になると、色々な利害関係や打算が生じます。

支援する事を政治目的として相手国に「貸し」を作り、今後の外交に利用しようとする国が、あまりにも多いのではありませんか？ しかし、日本と台湾の間には、そのような政治的な打算が入り込む余地がありません。

平成十一年の九月二十一日の台湾中部大地震では、日本は世界各国に先立ち、国際緊急援助隊を派遣しました。日本国内でも台湾の被災者に対して、義援金が多く集まりました。また、「台湾加油（台湾がんばれ）！」とのメッセージが、日本じゅうで叫ばれました。この時、日本から受けた多大な支援を、台湾の人々は、決して忘れることはありませんでした。

そのお返しの機会となったのが、平成二十三年三月十一日の東日本大震災でした。震災発生の日から、台湾では「日本加油（日本がんばれ）！」のメッセージが流れ、世界各国の中で最高額となる、二百億円もの義援金が集まりました。

日本と同じく、台湾は地震が多い事で知られています。近年では、平成三十年二月六日に、台湾東部において震度七を記録する花蓮地震が発生しています。この時も、日本は世界に先駆けて緊急援助隊を送っています。

勿論、平成二十八年の熊本地震でも、平成三十年の北海道胆振東部地震でも、台湾は支援を送ってくれています。北海道胆振東部地震の際は、蔡英文総統がツイッターで、「台湾は日本の良き友人として、自然災害が続く日本と共にこの困難な時期を乗り越えたいと願い、またそうする義務があると考えています」と、日本に向けたメッセージを投稿しています。

日本と韓国、また日本と中華人民共和国との間では、何か問題が起きると領土の問題や歴史的な問題が引き合いに出され、しばしば敵対的な議論が交わされますが、日本と台湾との間では、そのようなことはありません。

日本と台湾は友人であり、兄弟でもあるのです。だからこそ、私は台湾を愛しています。

「化外の地」台湾を豊かにした日本人

日清戦争の勝利を経て、明治二十八年に、台湾は日本に割譲されました。台湾総督府が設立され、日本による統治が始まりました。

台湾総督府はこの地の豊かな土壌に注目し、農業振興の政策を掲げました。主食であるコメに関しては、農学者の磯永吉《いそえいきち》さんと末永仁《すえながめぐむ》さんが蓬莱米《ほうらいまい》の品種改良に成功し、コメを主産業として確立させました。

末永仁（左）と磯永吉と胸像（台湾大学キャンパス）

サトウキビによる製糖業は台湾総督府による指導で発展しま

した。蓬莱米と砂糖は台湾の二大産業となり、輸出品として多くの外貨を獲得しました。この成功があった為に、台湾は戦後の経済成長を成し遂げる事ができたと言えます。

また、民政長官だった後藤新平は台湾に近代的な下水道を導入し、水利技術者の八田與一は、台湾南部に烏山頭《うさんとう》ダムを建設しました。これらのインフラ設備は現在も機能しており、台湾の人々の生活を支えています。

もう一つ、日本が力を入れたのは教育でした。義務教育制度が導入された他、台北には台北帝国大学が設立されました。日本統治時代における台湾人の就学率は当時のアジアの中では高水準で、七十パーセントを超えていました。勤勉で真面目な台湾の人々の国民性は、日本統治時代に育成されたと言って良いでしょう。

しかし、この豊かな時代は、大東亜戦争の敗北により終焉を迎えました。台湾は中華民国の統治下に入り、国民党の軍隊が台湾に上陸したのです。国民党政権による台湾統治は、腐敗と汚職にまみれたものでした。

二・二八事件から戒厳令まで

昭和二十二年（一九四七年）二月二十八日、台北でいわゆる「二・二八事件」が起きました。きっかけは前日の二十七日、闇タバコを販売していた台湾人女性を専売局の役人が摘発し、路上で殴打した上、商品及び所持品を没収した事でした。

女性に同情した民衆が抗議すると、役人は民衆に発砲し、市民一名が死亡しました。さらに怒った民衆は翌二十八日、台北市庁舎に押しかけましたが、鎮圧のため出動した憲兵隊が機関銃を無差別に掃射し、多くの市民が殺されました。

以降、台湾各地で中華民国政府と民衆による衝突事件が多発し、内戦とも言える事態となりました。

蒋介石政権に反発する台湾の民衆を支えていたのは、「日本語」でした。当時は日本統治時代に日本の義務教育を受けた人が多くいて、皆で蒋介石政権に反抗する合言葉として、「君が代」を合唱し、政権の弾圧に対抗したのです。民衆の一部はラジオ局を占拠して「軍艦マーチ」を放送し、日本語で「台湾人よ立ち上がれ！」と呼びかけて、台湾全土の民衆に一斉蜂起を促しました。また、台湾出身の元日本軍人や学生の一部には、旧日本軍の軍服や装備を身に着けて政権側と戦う人もいました。

このような台湾民衆の反抗に対し、蔣介石は大陸から援軍を送り、徹底的に民衆を弾圧しました。日本統治時代に高等教育を受けた裁判官、医師、役人といったエリート層が次々と逮捕され、拷問の末に死亡しました。

台湾北部、基隆では軍隊が検問所を設け、北京語を話せない者を見つけると即座に逮捕しました。針金を手に差し込んで拘束され、そのまま基隆港に投げ込まれた市民もいました。

国民党政権下で施行された戒厳令は、国共内戦の敗北で蔣介石が台湾に逃れた後も継続し、昭和六十二（一九八七）年に、戒厳令が解除されるまで三十八年間も続きました。その間、二・二八事件について語ることが台湾ではタブーとされてきたのですが、李登輝政権による民主化以降に解禁されました。しかし、犠牲者の正確な数は、現在でも判明していません。八百人～十万人と諸説あり、中華民国の行政院（内閣に相当）は「約一万八千人から二万八千人」と推計しています。

高風無窮（七）

道心と無道心と

森田忠明

今の世《せ》、出世間《しゆつせけん》の人（在俗の人も出家者も）、多分（たいてい）は善事をなしては、かまへて（どうにかして）人に識ラれんと思ひ、悪事をなしては人に知られじと思ふ。此レに依ツテ内外《ないげ》（心の内と外）不相応の事出来る。相構へて（どうか努めて）内外相応し、誤りを悔い、実徳を蔵《かく》して（真実の徳は内に隠し）、外相《げさう》（上辺の姿）を荘《かざ》らず、好事をば他人に譲り、悪事をば己に向フル（その責めを引き受ける）志気（意気込み）有るべきなり。

たとひ拙くともいい、心の内外を一致させるべく努めるのは宗教、宗旨はさておき、人間としての本務には相違ない。何を措いてもここが我らの基本中の基本、根本中の根本であらねばならぬ。そのうへでといふか平行してといふか、

――ただ今日ばかりも身命《しんみやう》の在らんほど、仏道に順ぜん（従はう）と思フべきなり。

懸命に行ぜねばならんことがある。忙しい、しんどいなぞと弱音をなぞ吐いてはゐられない。刻刻の真剣さが求められてゐる。

悪人と善人のあはひ

ましてや、

――世間の男女《なんによ》老少、多く雑談《ざふだん》の次デ、あるいは交会淫色《いんじき》等の事を談ず。是レを以テ心を慰メンとし興言《きようげん》

とする事あり。一旦心も遊戯《ゆけ》（気持を解放）し、徒然も慰む（手持無沙汰をまぎらはせる）と云フとも、僧は尤も禁断すべき事なり。

仏弟子がおのれを見失ひがちな猥談、色ごとの話をかたく禁ずる。宋国の寺院や栄西《えいさい》（ヤウサイとも）在世時の建仁寺等ではまつたくみられず、「近ごろ七八年より以来《このかた》、今出《いまいで》（新参）の若人達時々談ズルなり。存外の（思ひもかけぬ）次第なり」と歎く。一心に学道に励む妨げとなるのを警戒するがゆゑである。改めて栄西の威厳を思ふ。

生きて最も求めるべきは、安神立命《あんじんりふめい》の境地でないか。辞書には「心を安らかにし身を天命に任せ、どんな場合にも動じないこと」とあるその境地、生半可の修業では、口に出すのはいともたやすいが、とても得られさうにない。もし得られたとしよう、いかなる障碍艱難を伴ふ厚い壁にも直往できるだらう。

唐の太宗（李世民）の時、魏徴奏して云く、「士民、帝を謗《はう》ズル（そしる）事あり」。
帝の云ク、「寡人（私）仁あツて人に謗ぜられば愁《うれへ》と為すべからず。仁無クして人に褒《ほめ》られればこれヲ愁フべし」と。
俗なほ是《かく》ノ如し。僧ハ尤モこノ心有ルベシ。道心ありて愚癡人《おろかびと》に謗ぜらレ譏らるルはくるしかるべからず。無道心にして人に有道と思ハれン、是レを能々《よくよく》慎むべし。

『論語』の例の、

――子貢、問うて曰く、郷人（村人）、皆な之れを好まば何如《いかん》。子曰く、未だ可ならざるなり。郷人、皆な之れを悪《にく》まば何如。子曰く、未だ可ならざるなり。郷人の善き者、之れを好み、其の善からざる者、之れを悪むに如かず。（「子路篇」）

これと甚だ似る。八方美人も総好かんを食ふのも未だし。但し当人が至つてまともであるのを前提する。皆なから好まれるのはおべつかの介在がうかがはれるし、皆なより悪まれるのは、もとより論外だらう。人の評価をすれば結局、ブウメランのごとき役割を秘めてゐるといふべきだ。

修業に一心不乱に打ち込まぬ者の間違ひの元をいへ

ば、
——人に貴びられて財宝出来るを以て道徳彰《あらはれ》たると自ラも思ひ（錯覚し）、人も知ル（人もさう判断すること）なり。

順逆をたがへておいて、その外見だけをよろこびとするのは幼稚なわざである。

——外相（外見）を荘ラずと云ツテ、即チ放逸ならば、また是レ道理にたがふ。

しかしこれが、この世の実相に近い。道理に抵触するのを避けず矛盾ともしないで、よくも吾人、のうのうと生きてをられるものだと感心する。

はやばやとみかけだふしを見破らむ国のためにもおのがためにも

得道の善

初心の行者は、先づ世情なりとも人情なりとも

（世情人情から考へもよいので）、悪事をば心に制して、善事をば身に行ずるが、即ち身心《しんじん》をすつるにて有るなり。

悪事をしないやうにし、善事を身をもつて行なつてゆくのが、取りも直さず身も心も捨てることになる、といふ。

悪いことはせず、善いことを積極的にやれ。これなら気をつけさへすれば我ら、簡単にやれさうだ。この歳で思ふに、至らぬ面は多多あるにせよ、善悪の区別をする常識が絶大に物をいふ。何ごともここから始まるつてことも。

徳が顕はれるのに左の三段階がある。

第一は、その人、道を修すると知られること。

第二は、その道を慕ふ者が出現すること。

第三は、その道を同じく学し、同じく行ずるやうになること。

かやうな結果、道の徳が外に顕はれたといふ。

これは周囲を見渡すと、単純にみえて至難のわざである。筆者が斯道を表現する際、たれしも好んで使ふ言ひまはしを用ゐないのは、よくよくみれば、語彙のみが先行し、何ら内実を伴つてゐないふうだから。生

きやうに頓着する気配を感じぬからだ。斯道が厳しくあるのが忘却されてゐる。中途半端な料簡だけが泛びあがり、疎漏が目立つていけない。まづ形あるいは所作より這入るといふ点からいへば、遜色ないんだらうが、それにしても疎漏遺漏がありすぎる。

物いへば、おのれに跳ね返つてくるのは百も承知である。いつでも受けて立たう。

近ごろ、しばしば脳裡をかすめるのは『徒然草』中、人口に膾炙する次の一節なのはどうしたわけか。

　死は前よりしも来らず、かねて後ろに迫れり。人皆死あることを知りて、待つこと、しかも急ならざるに、覚えずして来る。沖の干潟はるかなれども、磯より潮の満つるがごとし。

死が「覚えずして来る」のは致し方ない。そんなものだらう。「沖の干潟」をもつてする譬へも利いてゐる。人間ならではの思惟の結果の一文といふべく、これまではうばうで引用されてきた。『随聞記』は、不意にやつてくる死への準備、をさをさ怠るなとの警語集の役目も果してゐるのだが、自分の観念の再構築、ふつう、どうしたらいいか、どうすべきか、みな途方に暮れさうなのが気にかかる。

　当世の人、多ク造像起塔（仏像を造つたり寺院を建立したり）の事を仏法興隆と思へり。また非なり。直饒《たとひ》高堂大観珠《たま》を磨イて金《こがね》をのべたりとも、是レに因ツて得道の善あるべからず。……僧徒のコノ事を営むは仏法興隆にあらざるなり。ただ草庵樹下《じゆげ》にても、法門の一句をも思量し、一時の坐禅をも行ぜんこそ、実《まこと》の仏法興隆にてあれ。

本末顚倒の非の時間を、何にまはすのか。「一時の坐禅」だと明確にいふ。何となれば「無常迅速」だからである。死は今日明日にも確実にやつてくる。「生きてゐる」との実感を摑むのも、われらに課せられた努めであらねばならぬ。酒？　それはそれだ。

　君いかに生のありかをとらふるや無常の風のかく速き日に

いにしへのうたびと

第九回

山部赤人と笠金村 上

歌人　玉川可奈子

山部赤人《やまべのあかひと》といへば、『古今和歌集』の仮名序において紀貫之から、

「人まろはあか人がかみにたたむことかたく、あか人はひとまろがしもにたたむことかたくなむありける」

と柿本人麻呂と同等同格の評価を受けた歌人です。

　そして、彼とほぼ同じ時期に活動したと考へられる笠金村《かさのかなむら》は、赤人に比べたらあまり知られてゐない存在でせう。しかしながら、金村は決して赤人に劣る存在ではありません。

　私は、人麻呂と赤人を並べて考へるよりも、赤人は金村または後の時代の田辺福麻呂《たなべのさきまろ》と並べて評価する方が良いと考へてゐます。それは、赤人は歌の数、質ともに人麻呂には及ばないからです。赤人は優れた歌人であることは間違ひありませんが、人麻呂と並べるのは酷です。

　赤人も金村も人麻呂同様、いや人麻呂以上に謎の人物であり、細かいことは全くわかつてゐませんし、これから解明される可能性もほぼ無いでせう。とはいへ、それではあまりにもさびしいことです。そこで本稿では赤人と金村の歌から、両者の心を『万葉集』から探つてみませう。

　二人は共通点の多い万葉歌人です。その第一は、ほぼ同時期に両者は活動してゐました。

　金村が霊亀年間（七一五年から七一七年）から天平五年（七三三）まで、おほむね活動してゐたのに対し、赤人は神亀年間（七二四年から七二九年）から天平年間（七二九年から七四九年）あたりまでの間に活動してゐました。これらは、『万葉集』に記された年紀から割り出しました。そして、『万葉集』巻第六の配列から考へますと、金村の方が少しばかり先輩にあたると見られます。両者は同時に行幸に供奉したことがありましたが、金村の方が先に出てゐることから先輩と考へて良いでせう。

なほ、金村には『笠金村歌集』があり、本人の歌かどうか検討を必要としますが、ここでは『歌集』歌はすべて金村の歌として考へます。

二人の吉野讃歌

次に、二人は柿本人麻呂と同じやうに、宮廷に仕へて天皇を讃へた歌人だといふことです。そして、どのやうな職務に従事してゐたのか、人麻呂と同様、まったくわかつてゐません。二人は、吉野の他にも、難波や印南野《いなみの》など、数々の行幸に供奉《ぐぶ》し、行く先々で歌を聖武天皇に奉りました。

二人が生きた時代は人麻呂の頃と少しばかり違つてゐました。それは、「やすみしし　我が大皇」といふ歌ひ出しによる長歌が赤人にだけ見られるからです（後には田辺福麻呂も）。私は、さうした感覚が人麻呂時代より当たり前になり、人々の間に定着したものと見てゐます。つまり、「やすみしし　我が大皇」といふ感覚が都人の共通認識になり、言立てしなくてもみなわかつてゐるといふことです。では、実際に両者の歌を見てみませう。

まづは金村が養老七年（七二三）の五月、吉野離宮にて詠んだ長歌の反歌です。

年のはに　かくも見てしか　み吉野の　清き河内の　激つ白波（六―九〇八）

意は、「毎年、このやうに見てゐたいものです。吉野の清らかな川の激しく流れる白波を」となります。吉野は「滝のみやこ」と呼ばれました。実際には、私どもが想像する華厳の滝や那智の滝のやうな滝ではなく、滝のやうに流れる激流をいひます。

次に、赤人の神亀二年（七二五）の五月に同じく吉野離宮で詠んだ歌を二首見てみませう。なほ、この時は金村も参加してゐます。

み吉野の　象山《きさやま》の際の　木末《こぬれ》には　ここだも騒く　鳥の声かも（六―九二四）

ぬばたまの　夜のふけゆけば　久木《ひさき》生ふる　清き川原に　千鳥しば鳴く（六―九二五）

意は「み吉野の象山の山の中の木の梢には、こんなにも鳴き騒ぐ鳥の声だナァ」、「夜が更けてゆくと、久木の生へてゐる清い川原に、千鳥がしきりに鳴いてゐる」となります。

これらの歌を見た上で、人麻呂の「吉野讃歌」を見ると、細かい点で共通点があることに気が付きませう。人麻呂の二つある長歌のうち、反歌を紹介しませう。

見れど飽かぬ　吉野の川の　常滑《とこなめ》の　絶ゆることなく　またかへり見む（一―三七）

（見ても飽きることがない吉野の川の常滑のやうに、常に絶えることなく、ここに通つて見に来やう）

山川も　依りて仕ふる　神ながら　瀧つ河内に　船出せすかも（一―三九）

（山川の神も臣従する神の御心のままに、天皇は激流の中にお舟出なさる）

これらを見ると、赤人も金村も大筋は人麻呂の作つた伝統に従つてゐると見られます。それは、山と川を対比させ、吉野の地を賛美してゐる点に明らかです。さらに、類似した表現を意図的に用ゐて歌を作つてゐる点です。人麻呂は宮と吉野の地を讃めることで持統天皇を間接的に讃へました（持統天皇の行幸は三十回を超えました）。

彼らは偉大な先輩である人麻呂にならつたと見るべきであり、その枠から必要以上にはみ出ることはありませんでした。

確かに、巻一に収録されてゐる右の人麻呂の「吉野讃歌」に比べたら劣るやうに見えます。しかし、さうした比較は彼らにとつて酷でせう。それよりも、彼らなりの「吉野讃歌」を褒めるべきでせう。

彼らは彼らなりに、天皇に供奉し、彼らの言葉で歌を奉りました。それは人麻呂に比べたら物足りないかも知れません。しかし、よくよく味はつてみると、そこには人麻呂に続き、人麻呂に及ばないまでも、その調べに近づかうといふ意志を感じることはできないでせうか。

旅の歌

両者は、吉野や難波などへの行幸以外にも、各地を旅しました。金村には越前国角鹿《つぬが》（敦賀）への旅、そして赤人については伊予国から富士、さらに現在の千葉県市川市あたりまで足を伸ばしてゐたと見られてゐます。しかし、その旅はいかなる任務で出たのかまつたくわかつてゐません。

その旅で作られた赤人の富士山の歌は有名でせう。

田子の浦ゆ　打ち出でて見れば　真白にぞ　富士の高嶺に　雪は降りける（三―三一八）

（田子の浦を通つて、海岸に出て見ると真白な富士の高嶺に雪は降り積もつてゐる）

「百人一首」にも言葉を多少改められて採られ、古くから優れた歌だと知られてゐたことでせう。後に高橋虫麻呂も富士山を次のやうに詠んだと見られます。

富士の嶺に　降り置ける雪は　六月《みなつき》の　十五日《もち》に消ぬれば　その夜降りけり（三―三二〇）

（富士山に降り置ける雪は六月の十五日に消えても、その夜にまた雪が降つて元に戻る）

こちらの歌も赤人に劣らず優れてゐませう。

他にも赤人の例を見てみませう。伊予の温泉（道後温泉）では、

ももしきの　大宮人の　熟田津《にぎたつ》に　船乗りしけむ　年の知らなく（三―三二三）

（大宮人たちが、この熟田津から船乗りして行つた年もわからなくなつてしまつた）

と詠んでゐます。前回紹介しました額田王《ぬかたのおおきみ》の歌が意識されてゐることはいふまでもありません。

金村には、越前の角鹿で詠んだ歌があります。その途中の塩津山（現在の滋賀県、近江塩津あたりでせうか）での歌を挙げませう。

ますらをの　弓末《ゆずえ》振り起こし　射つる矢を　後見む人は　語り継ぐがね（三―三六四）

（ますらをが弓の先を振り立てて射て置く矢を、後の世に見る人は語り継いでほしい）

柳田国男の「矢立杉の話」によると、古くから武運を祈り、または旅の無事を祈つて道の境にある神木に矢を射立てる習俗があつたといひます。金村もさうしたのでせうか。文字通り、ますらをを振りの良い歌でせう。

在宅医療から見えてくるもの

西洋近代文明の陥穽とその超克⑩

軽んじられてしまう、ケア

医師 福山耕治

ハサミとカッターナイフ

数年前、息子のためと称してTAMIYA社製の電動ラジオコントロールカーを組み立てたことがある。その組み立て作業の中でポリカーボネート製ボディを型から切り出す作業があった。ポリカーボネートは硬いので専用のハサミを使って切り出すのだが、どうしてもハサミの刃が入りにくい所があってカッターナイフを使うとうまく切ることができた。はじめからカッターナイフだけでは硬くて切りにくいし、かといってハサミだけでも狭いところは難しい。状況によって使い分けないといけない。

ラジコンカーの組み立て作業だけでなく日常生活の中でこのようにハサミとカッターナイフを使い分けることは良くある。素材によって形状によって切る場所によってハサミが有利なときもあればカッターナイフが有利なこともある。どちらか一方が優れていてどちらか一方が劣っているということではなく、その状況によってより適切な方を選択しながら使い分ければよいのである。

このハサミとカッターナイフの関係は言うなれば「相補関係」になっている。素材によって形状によって切る場所によってハサミが有利なときもあればカッターナイフが有利なこともあるので、状況によっては使用頻度が半々であったりハサミ7カッターナイフ3となったりする。常にハサミが有利であればカッターナイフなどは要らない。1（イチ）か0（ゼロ）かのデジタルな関係性ではなくグラデーションを呈するアナログな関係と言える。

治療とケア

これと同じことが治療とケア（医療と介護）についても成り立っている。「ハサミとカッターナイフ」のように「治療とケア（医療と介護）」も単に道具・手段・方法の使い分けに過ぎない。目の前の困っている人に必要なのはどの道具・手段・方法なのか？という視点で考えた時、いつでも「治療（医療）」が「ケア（介護）」に勝っているわけではない。どちらかが優れていてどちらかが劣っているということはなく疾患によって患者さんの状態によってその状況でより有利な方を使う。そして、併用することによってお互いを補い合う関係があり、「治療（医療）」が有利なときは「治療（医療）」を優先し「ケア（介護）」が有利なときは「ケア（介護）」を優先させる。

このことはこのように説明すると一見当たり前のように見えるが筆者が臨床の現場で感じることは「医療（治療）」＞「介護（ケア）」といった認識が患者家族や医療従事者や介護従事者に根強く染み付いているということだ。つまり、常に「医療（治療）」が有利であり「医療（治療）」を優先すべきであり、「介護（ケア）」は劣っていて後回しでも良い、と考えがちだ。人によっては「介護（ケア）」が全く眼中にない人もいる。患者さん本人にこの認識を感じることもあるが、終末期の患者さんは逆に「介護（ケア）」＞「医療（治療）」と思っておられることが多い。

今となっては恥ずかしい話だが、在宅医療に従事する前までは筆者も「医療（治療）」を重視し「介護（ケア）」を軽んじていた。しかし、在宅医療に従事することによって「介護（ケア）」の重要性を認識することができた。在宅医療の現場という限定した状況では、概して「介護（ケア）」＞「医療（治療）」という関係が成り立つと言える。もちろん「医療（治療）」が不要というわけではない。

それでは「介護（ケア）」とは一体何なのか？筆者も在宅医療と出会う前は深く考える機会がなかった。何となく「介護＝オムツ交換」のイメージを持っていたし、「介護」と「ケア」の違いについても認識がなかった。

まず、「介護」は単刀直入に言うと「生活を支える」ということになる。「生活を支える」ということをもう少し詳しく言うと「移動、食事、着替え、排泄（トイレ）、清潔（入浴）、その他、をその人の状態に合わせて介助する」ということになり、単に身体面の機能低下だけでなく認知機能が低下している場合は「生活上の判断を支援する」ということも含む。介護は単にオムツ交換のことではなく生活全般にわたる。

そして、「介護」と「ケア」の言葉の違いについて言うと、「ケア」は「介護」よりも大きな概念である。狭い意味の「ケア」は「介護」とはほぼ同義と言って良い。ただし、「ケア」という言葉には狭い意味での「介護」＝「生活を支える」という意味の他に、「世話」・「配慮」・「気配り」・「手入れ」・「メンテナンス」などの意味があり、広い意味での「ケア」はこれらの概念を含む。

つまり、「ケア」はただ単に「生活を支える」だけではない。「配慮」や「気配り」も含まれている。特に老病死のさなかにある要介護状態の高齢者には「精神心理面をサポートする」必要がある。「精神心理面をサポートする」ということは端的に言うと「声掛けやスキンシップそして接する態度によりケアを受ける人を安心させる」ということだ。翻《ひるがえ》って「介護」という言葉にも「ケア」と同じく広い意味が付加されるべきだ、と筆者は考えている。

痛いの痛いの飛んでいけ

昔、まだ子供で幼かったころにぶつかったり転んだりして額にたんこぶを作ったことは誰にでも経験があるだろう。泣きながらお母さんを探し、やっとの思いでお母さんのところにたどり着くと、お母さんは「どうしたの。転んだの？よしよし。痛かったねえ。痛いの痛いの飛んでいけ。」と言ってたんこぶをさすって「もう大丈夫よ。」と言って優しく抱きしめてくれたのではないだろうか。そうすると心配な気持ちはどこかに行ってしまい自然に泣き止んで痛みも忘れていた。これが一番分かりやすい「声掛けやスキンシップそして接する態度によりケアを受ける人を安心させる」ということの例えだ。

ケアの本質とは結局のところお母さんの「痛いの痛いの飛んでいけ」ということになる。読者の皆さんの中には「そんな呪い（まじない）のようなものでいいのか?」と憤慨される方がいるかも知れないが「それでよい。」というのが筆者の答えだ。この連載で繰り返し述べてきた通り人間という存在は「極めて主観的」な存在だ。

つまり、非科学的な存在であり、医療的な処置よりも「安心」という精神的な作用が勝ることがありうる。在宅医療の現場でそのようなことがしばしば見られる。例えば、痛みのためモルヒネを使用している入院中の癌患者さんが退院して自宅で療養するだけで(在宅療養で安心することによって)鎮痛目的で処方されるモルヒネの分量が半分になることが知られているし、モルヒネ投与にも関わらず緩和しきれない痛みがある場合に患者さんの家族が痛む場所を手でさすってあげることで痛みが緩和することは医療の現場でしばしば経験する。医師が患者さんの訴えに真摯に耳を傾けるだけで患者さんの不安が解消したり安心につながったりする。先ほどの痛む場所をさすることは文字通り立派な「手当て」であり治療に匹敵する。そして、良好な人間関係が苦痛を緩和してくれる。

生物・心理・社会モデル

読者の皆さんには余り馴染みのない言葉と思われるが、「生物・心理・社会モデル」というものがある。これは病気のメカニズムを生物・心理・社会の3つの観点から考えるモデルで、社会的な影響から心理・行動の問題が生じ、その心理や行動から生物学的な病気が生じるという考え方をする。例えば、いじめやリストラなど社会的な問題がストレスを引き起こし、それが過食という行動につながって、やがて糖尿病を来たす、といった具合に。

過去の筆者がそうであったように、生物学的観点でしか病気を認識することができずに「医療(治療)」だけを考えて「介護(ケア)」を軽んじてしまう。日進月歩の現代医療に心を奪われて心理や社会といった観点を忘れてしまう。このような近視眼的なものの見方、これこそが西洋近代文明の陥穽と言える。ハサミだけではなくカッターナイフも上手に使わなくてはならない。

崎門学に学ぶ

『白鹿洞書院掲示《はくろくどうしょいんけいじ》』浅見絅斎《けいさい》講義 ③

ひの心を継ぐ会会長　三浦夏南

学問の方法と順序

「さてまず、さしあたり人の身は、どうしてよかろう、こうしたでよかろうと、理が開けねばならぬ、その理の開きようを窮理というて、窮理のしように四通りあるぞ。その理の開けたるように身をしていかねばならぬ、そのしてゆきようを篤行という。」（絅斎講義）

学問は窮理と篤行との二つに分けることが出来る。窮理とは、人の人たる道とは何なのか、何が善で何が悪なのかを学び、理を極めて行くことである。篤行とは、その学んだことを身に得てくるまで、篤実に実践し続けるということである。学問は約言すれば、この二事に過ぎない。もっと簡単に言えば、学んだことを実行し、体得する。これだけである。しかし、ただ学ぶというだけでは、どんな誤った道に入るかも分からないので、学びの正確を期す為に、朱子は学問の序として次の五つを挙げている。

博く之を学ぶ、審らかに之を問う、慎みて之を思う、明らかに之を弁ず、篤く之を行う（掲示本文）

博学について

これは中庸の言葉である。先ず初めに博く之を学ぶとあるが、これは現在使われている博学とは少し意味合いが違う。博学と言えば知識を多く持っている物知りというイメージだが、ここでの博学とは「博というはこれまでと限らぬ詞ぞ、何もかもたくしこむという義ではない。」と絅斎先生も言っているように、これぐらい学べば良いだろうという限りを勝手に付けず、どこまでも深く極めて行くという意味。広いというよりは深いと読んだほうが良いかもしれない。たくしこむ、つまり何でも知識であれば広く収集するという所謂博学ではないことを強調している。闇斎学派は、博学多識よりも、重要な経典を繰り返し精読し、実践体得することを重んじたことで有名である。例えば、絅斎先生の高弟である若林強斎先生も、小学、近思録、四書五経に集中することを語録の中でも何度も強調して居り、極論すれば、小学、近思録、四書は特別として、日本の古典に集中すべきだとも言っている。とにかく重要な古典を学び続け、学び抜くことが肝要であって、自分で勝手にここまで学べばよいだろうと限りを付けないことである。人間はここまで理を究めれば先はないだろうと思っても、さらに高い境地に進めば、かつての自分の浅学を恥ずるものである。あの朱子でさえ、晩年まで大学の校訂を続けていたほどである。論語にも「七十にして心の欲する所に従って矩を踰えず。」とある。我々凡人は生涯学び続けるより外なく、ここまで学べばもう良いだろうという軽率な慢心に陥らないことである。

「世間で博識というて、大分書をおぼえているようなるは、俗というもの、また心学者のように、書を読むことはいらぬ心ですませばと言えども、如才なく心で了簡して見ても、毎々義理の間に合わぬこと多し、それでとかくこれまでで良いと限り立てたがるがわるいことぞ。」(絅斎講義)

所謂物知りの博識は俗物に過ぎないが、かといって心学者のように、人間には良知が備わっており、人としての正しい道は自ずから知っている。古典を読むことよりも、自分の良知、良心に耳を傾けることが大切だと考えることも、道を学ぶものには大変危険な思想であると絅斎先生は言っている。崎門の立場から見て、陽明学の弱点とされているのは、まさにこの点である。勿論朱子及び崎門も、良知良能、良心や本心といったものの存在を否定しているわけではない。むしろ単なる盲目的な実践ではなく、明徳の体得体認を目標としているので、最終的には良知に至るということは同じである。

しかし、そこに至るまでのプロセスにおいて、良知を強調しすぎるあまり、古典を深く読み込み、師友に問い質すという過程を軽視することは危険であると言っているのである。万人に明徳があり、良知があるのは大前提であるが、その良知が開かれず、明徳が暗んでいるからこそ、我々凡夫は学問をしているのである。そんな凡夫が軽率に己の良知を信じて、古典に学ばなければ、自分の私意私欲を以て道と誤認するのが関の山である。王陽明にしても、我が国の中江藤樹先生にしても、古典を精読し、深く学び広く問うことに苦心して、なお到達できない境地に悩み苦しまれた後に、己の良知良能を体得し、聖人の境地にまで至ったのである。決して最初から良知によって道の深奥に達したのではない。そこに至るまでの苦学あってこその良知である。それを後学のものが誤認して、陽明学は知識の学問ではない、実践の学問だなどと生半可なことを言い出すから、陽明学は軽率な学問であると批判されてしまうのである。陽明や藤樹先生の責任ではなく、後世の学者の責任である。

現代にあっても、大切なのは知識ではない、実践することが大事だ、知識よりも経験だという軽率な意見をよく聞くが、朱子や崎門の人々は、誰よりも実践を重んじた実学、活学の人々であり、道の実践のためには、地位も名誉も命もいらぬという凄まじい気迫の人々であった。その実践を重んずる先生方が博学を勧めているのである。知に不徹底や偏りがあれば、せっかくの実践も甲斐のないものになってしまう、慎重に正確にどこまでも深く理を極めて行く姿勢を後学の人に求めたのである。我々後世の学徒は決して知の徹底を軽視してはいけない。

審問とは

「学は師に聞き、書に考え、色々の端ありて、力を用いて行くことじゃが、そう学んで行くうちに、不審ができてつかえてくることがあるもの、それは問わねばならぬ、学は総体地盤の仕事、問は学のつかえを埒あけることなり、学は手前ですること、問はさきで埒明けること、孟子の学問と仰せらるるがこれぞ。」(絅斎講義)

古典を学んで、学を進めていると、ここはどれだけ読んで考えても分からないという疑問点が出来てくる。学は総体地盤の仕事と言われているように、自ら努めて学ぶことが基本ではあるが、どうしても分からない疑問点については、師友に問うて、その疑問を解決して行かなければ、それ以上学が進んで行かない。問うことは大切であるが、その問い方がより重要になってくる。だからこそここに、単に問うではなく、審らかに問うとある。師に質問をするにしても、その質問が考え詰められた切実な問いでなければ、師匠もその問いに答えて、教え導くことが出来ない。軽率な問いでは、却って問いを汚すというものである。我が身に切実に考え抜かれた問いを発するということ、このことが極めて重要になってくる。孔子の言葉にも「憤せずんば啓せず、悱せずんば発せず、一隅を挙ぐるに、三隅を以って反せずんば、則ち復びせざるなり。」というものがある。正しい質問が出来れば、答えはほとんど出たようなものだとも言われるが、深く考え、正しく疑問を発することが如何に学問において重大であり、難しいかが良くわかる。絅斎先生も「先ず学ぶは学べども、博というが難し、博はひろけれども、問ことが難いぞ、……況や審らかに問うというはよくよく難いことぞ。」と言っている。これを限りと定めず学び抜くことも勿論大変な努力であるが、切実適切な疑惑を発し質問とするということは極めて難しいことである。しかしこれが出来なければ、孔門の教えを学ぶことは出来ないのである。さらに続けて絅斎先生は「孔門の衆を見よ、問うというが大切ではないか、あれでこそ孔子の教えは残りたるぞ、語類を見よ、大分の問ではないか、あれでこそ益を得ることぞ、かようなることを観て、古人の学の仕様を知るべし。」と言っている。考えてみれば、論語の教えは多く門下の高弟たちの質疑によって生まれたものである。子路が問うてはたしなめられ、顔淵が問うては克己復礼を以て答えられたその質疑応答が論語という稀代の名著を生んだのである。朱子における語類も同じである。ということは、孔子という哲人がいても、弟子たちが自分たちの求道に真剣に悩み、道において大疑惑を発さなければ、孔子の教えは後世に残されなかったのである。それを思う時、審らかに問うということが、困難ではあるが極めて重要なことが分かってくる。我々は古典の教えをただ受動的に学ぶだけではなく、常にそこに我が身を投影して切実な疑惑を発し、孔子にも朱子にも認められるほどの切実な質問を生み出さなければ、学を進めることは出来ない。

今回は学の五つの序の内、学問の二つについて読み進めてきたが、次号では窮理四項目のうちの残り二つ、思弁について書いて行きたいと思う。

竹下登論④

政治改革と選挙制度改革の混同が起こした悲劇

里見日本文化学研究所講学生　田口　仁

リクルート事件で降って湧いた「政治改革」

党内最大派閥（経世会）を率いていた竹下登内閣は、長期安定政権となるかと思われていた。ところが、昭和六三年（一九八八）六月一八日に発覚した贈収賄事件（未公開株の譲渡など）であるリクルート事件が引き金となり、竹下内閣は平成元年（一九八九）六月二日に一年半程（五七六日）で総辞職した。

その際に、「想定外の展開で政権後半の最優先課題に浮上したのが政治改革だった」（後藤謙次『竹下政権　五七六日』）のである。政治改革には「政治とカネや政治倫理」など様々な問題があったが、「選挙制度改革」のみが取り上げられ、ポピュリズムの熱狂的な雰囲気の中で、細川護熙八党連立内閣時の平成六年（一九九四）一月二九日に小選挙区比例代表並立制や政党助成金などを中心とした政治改革関連四法案が成立した。

「政治改革」の経緯は吉田健一の『「政治改革」の研究　選挙制度改革による呪縛』に詳しく、今回の執筆に当たって参考にさせて頂いた。ちなみに、前掲の吉田本によると竹下登自身は「本心では小選挙区制に反対」していたそうであり、竹下の少し後に首相となる宮澤喜一も「小選挙区制の導入には根本的な疑念を抱いていた」そうである。

竹下自身の「選挙制度」に対する見解

では、竹下自身の「選挙制度」に対する見解はどうであったか。竹下は、中選挙区制時の群馬三区で福田赳夫と中曽根康弘と戦った弟子の小渕恵三が得票率七%程度であったことを引き合いに出しながら、「小選挙区制度になると、粗品は減る。性格的な粗品はおりますけれど、少なくなるのではないかと述べている。」（『政治とは何か　竹下登回顧録』）。

小渕自身が粗品であったかは筆者自身には判断しかねるが、財政の福田赳夫や民族派的主張をする中曾根康弘に挟まれて、「人柄」（佐野眞一『凡宰伝』）で勝負していたことを鑑みると、経歴や政治能力では粗品かもしれない。

しかし、中選挙区制時の政治家は良かれ悪しかれアクが有り、器が違った。ハマコーこと浜田幸一などが典型例である。「TVタックル」で故三宅久之氏が述べていた通り、小選挙区制になってから、学歴や職歴ばかりの「沈香もたかず屁もひらず」な政治家ばかりになってしまった気がする。

そういう意味で、竹下の「粗品が減る」（人間的な魅力は無いが、学歴や職歴だけは立派な政治家ばかりになる）という言葉は当を得ていると思う。

選挙制度に対する具体的考察

今回は選挙制度そのものについて考察してみたいと思う。次回以降は、選挙制度改革に情熱を傾けた後藤田正晴を中心に述べてみたい。

さて、現在の小選挙区比例代表並立制は、各選挙区で一人ずつと、政党名を書き名簿で上位の人間から敗者復活的当選をする比例代表制が並立している。では、以前の中選挙区制はというと、各選挙区で複数名が当選する仕組みである。ちなみに、竹下自身の選挙区は島根県全区で五名程の当選があった（花岡信昭『竹下登・全人像』）。

抽象的に制度論を書いても分かりづらいので、具体的な数字を用いて嚙み砕きながら説明する。小選挙区には、「甲候補者が五一％以上の得票率を取れば、乙候補者が四九％取ったとしても乙候補者は落選する。乙候補者に投票した四九％の投票は死票となる」という問題がある。

また、小選挙区に「甲候補者が四〇％、乙候補者が三〇％、丙候補者が二〇％、丁候補者が一〇％の得票率だとすると、半数以下の四〇％しか得票していない甲候補者が当選する。要は、野党が票の食い合いをすると半数以下の得票しかしていない与党の候補者が当選してしまう」という問題が有る。

それに対して、中選挙区は「三名当選の区にて甲候補者が四〇％、乙候補者が三〇％、丙候補者が二〇％、他の候補者の得票率が足して一〇％だとすると、二〇％しか得票していない丙候補者も当選することになる」点や、「死票は一〇％しかない」ということになる。

　また、先程の例で甲候補者と丙候補者が同じ政党から出ているとなると、票の食い合いになり、選挙民に対して便宜供与（葬式へ多く香典を包んだり、選挙の時に美味しい御飯を提供したりする）が起こってしまう。この点が「中選挙区制はカネが掛かる」点が批判される。

　また、同選挙区で複数名が当選するとなると、政党内での派閥が発生する要因となる。自民党内で派閥が幅を利かせていたのが典型例である。

　制度と言うのは一長一短がありどちらが良いとは言えないが、前掲の吉田本で書かれている通り、小選挙区制は平成三〇年間の壮大な社会実験の結果としてかなり問題が有り、吉田自身は「1区の定数が3人の中選挙区制」「3大政党制」を提案している。

　まず、後藤田を始めとした人々が小選挙区制を目指したのは、「政治とカネの問題」や「自民党内派閥での疑似政権交代ではなく、実際の政権交代を起こす」ことが狙いだったのである。しかし、安倍晋三の「悪夢の民主党政権」ではないが、思想や政策がバラバラの寄り合い所帯が強引に政権を取ったことや、野党が票の食い合いをして安倍一強になったことから、日本には「小選挙区制」は馴染まないのである。その原因は前掲の吉田本は、健全な社会主義勢力が育たなかったことを指摘している。ただ、筆者は、国民を天皇の赤子とした君民共治・一君万民的な国体観が、マルクスなどの労使対立的な価値観と相容れなかったと思う。

　吉田本はまた、戦前の立憲政友会と立憲民政党からの流れが、戦後の自由党と民主党の保守合同による自由民主党結党となるように、戦前の二大政党が戦後に合同したことで、保守党一強になることが確定したと指摘している。

AKB48の総選挙から考える選挙制度

　では、筆者自身はどう考えるかというと「政治とカネの問題自体は厳しく取り締まり、中選挙区制に戻すべき」と考える。具体的制度としては、吉田健一の「1区の定数が3人の中選挙区制」や田中秀征の「中選挙区連記制」（『平成史への証言　政治はなぜ劣化したか』）など、検討すべき提案は多々有るが筆者は別の視点から述べたい。

まず、中選挙区の時は候補者個人に投票していたのである。「田中角栄」や「竹下登」と、当選して欲しい候補者の名前を書いていたのである。それに対して、小選挙区制は確かに個人名を書くが、「自民党の岸田文雄」や「立憲民主党の枝野幸男」など、基本的には当選して欲しい政党に所属している候補者に入れてしまう。筆者も含め読者諸兄の投票もそんなところだろう。これでは政治家が育たない。政党が学歴や職歴の綺麗な選挙民受けの良い「沈香もたかず屁もひらず」な党幹部に逆らわない無個性の候補者を据えてしまうだろう。

やはり、選挙民に「田中角栄を受からせたい」「竹下登を受からせたい」と候補者個人を思わせるには、その候補者の個人名を書かせる選挙制度にしなければならない。そうすれば、「特定の政策の専門家」だったり「政治思想をキチンと持っている人物」などが必然と育つのである。政治家個人の個性も芽生えてくるだろう。

その点で勉強になるのは、一時期流行ったＡＫＢ48の総選挙である。筆者が大島優子の往年のファンだから言っているのではないが、考えてみればＡＫＢ48の総選挙では、アイドル個人に投票していたのである。これが現実の選挙では投票しない様な若者が、ＡＫＢ48の総選挙では盛り上がった要因ではないかと思う。「前田敦子」だったり「大島優子」だったりである。

そう言えば、メディア露出は少ないが、劇場公演を頑張っていた「佐藤亜美菜」が八位を獲得したことがあった。運営側に好かれなくても自分の出来ることで頑張った結果、ファンに認められて選抜入りした好例である。そうすれば、アイドル個人の個性も育った。握手会を頑張る「須田亜香里」や音大に通ってピアノ演奏でテレビ出演をする「松井咲子」などもあった。

筆者としては、「政党名に入れる様な現在の小選挙区制ではなく、候補者個人に投票する中選挙区制に戻せ。」と主張したい。

一冊にかけた思い

鈴木貫太郎著『ルポ　日本の土葬』（宗教問題、１３２０円）

大分県日出町という小さな町でイスラム教徒が土葬ができる専用墓地を地元の反対を押し切って作ろうとしている——。本書はこの日出町のイスラム墓地騒動のルポから始まり、「そもそも日本人にとって土葬とは何か」を追究した本である。著者鈴木貫太郎さんと編集に携わった小川寛大さんに、本書にかけた思いを聞いた。

——本書が書かれるきっかけは何でしたか。

小川　二年ぐらい前に大分県日出町でイスラム教徒が墓地をつくろうとしているという騒動があり、自分で取材に行こうと思っていたんです。ところが、そのころたまたま鈴木さんと知り合い、その時に妻がフィリピン出身でもあり、日本に住む外国人について取材がしたいというので任せることになりました。

鈴木　現場の声を聞く取材がやりたいと思っていたので小川さんから本件の話を聞き、ぜひやりたいと申し出ました。

——取材に行く前と行ったあとでは何か印象の変化はありましたか。

鈴木　現地取材の前にインターネット等で調べてから臨みましたが、大手メディアは「イスラム教徒が土葬墓地をつくりたがっているが、頑迷な地元住民が地元町議を先頭に立てて反対している」という論調で、私もそうした先入観をもとに地元取材に臨みました。しかし、現地で反対運動をしている町議の衛藤清隆氏に会ってその先入観は大きく覆りました。衛藤氏は典型的な田舎のオヤジといった人物でしたが、イスラムや外国人への偏見をむきだしにするような粗野な人物ではありませんでした。

小川　本件に限らず、墓地を立てるとなれば地元住民が反対運動を起こすというのはよくあることで、本件は「イスラム」「外国人」「土葬墓地」といった珍しい要素が多かったためメディアに過度にクローズアップされたと思います。

鈴木　大メディアは「絵」を撮りに地元に入ってはいますが、地元に腰を据えた取材をしていたわけではないという印象でした。

――　地元住民の側から本件を見るとそうなりますが、イスラム教徒の側から見るとどうなりますか。

鈴木　本件はそもそも立命館アジア太平洋大学（ＡＰＵ）が別府市にでき、多国籍の学生を受け入れ、別府市と連携して外国人にとって住みやすい街を目指したことと無縁ではありません。しかし、現地で墓地建設運動を展開する中心人物の別府ムスリム協会代表でありＡＰＵ教授でもあるカーン氏も、ムスリムコミュニティの中で一枚岩の存在ではないことが取材を重ねる中で見えてきました。カーン氏はよく言えば真面目な、「話せばわかる」という信念を持った人で、真正面からムスリム土葬墓地建設に突き進んだけれども、現地と事を荒立てることを望まないムスリムの方もいるわけです。例えば既存墓地の一角を使わせてもらうとか、搦手から攻める手法もあったにもかかわらず、カーン氏はそれをしなかった。地元への根回しも不足していた面がありました。

――　本書はこのイスラム墓地騒動のルポから始まり、「そもそも日本人にとって土葬とは何か」という議論に展開していきます。

鈴木　元在特会会長の桜井誠さんは外国人排斥の観点から日出町に赴きヘイトスピーチともとられるような演説をやっているし、イスラム墓地騒動を伝えるYahoo!ニュースのコメント欄には、「火葬こそが日本の伝統で、土葬したいなら国に帰れ」というようなコメントが並んでいます。しかし、本来日本は土葬文化の国だったはずですが、それが忘れられています。

小川　昭和天皇まで歴代天皇の多くの方は土葬されているのですが、近年のいわゆるネット右翼はそういったことを知らず、土葬が外国人排斥の道具と化している状況があると思います。

鈴木　本書の取材で印象的だったのは、土葬経験のある神主に葬礼の話を伺えたことです。日本も伝統的には土葬文化ですが、現状は99％以上の遺体が火葬されていることも確かです。その中で伝統的な手法で土葬を行ったことがある人物を見つけることは大変でした。下関市の住吉神社に勤めていた小山氏が実の父を土葬による神葬祭で葬った経験があり話を聞けたのですが、小山氏にたどり着くまでが大変でした。現代日本で土葬による葬礼の経験のある人が予想以上にいませんでした。

――本書で読者に一番訴えたいことは何ですか。

鈴木　本書はイスラム教徒と土葬に関することを書いているようで、日本社会が向き合っていくべき課題と密接に関連しています。移民と国際化で、多様性を尊重すると口で言うのは優しいですが、現代日本は土葬もできないくらい共同体が廃れてしまいました。便利さを追求して、労働力の不足から外国人を受け入れるということをやり続けてきましたが、一方で文化の違う外国出身者が日本に生き、生活し、死んでいくという現実から目を背け続けてきたのではないかと訴えたいです。多様性という欧州の価値観のいいところだけをとって、フランスやイタリア、ドイツなど、覚悟のない移民によって欧州が失敗しているという現実を見ていないように思えます。また、イスラム墓地騒動に絡めて言えば、別府市とＡＰＵの政策により外国出身者が増えましたが、墓地建設は別府市のさらに郊外の日出町に持ち込まれたという地域格差の構造も結果的に孕むこととなりました。別府市やＡＰＵは国際化の果実を自分たちは食べたが、死に関することは日出町に押し付ける形になっており、日出町に協力するとか、何らかの形で立ち上がる必要があるのではないでしょうか。

小川　土葬は多くの人手を使って穴を掘り、遺体を運ぶ手間がかかることなどからムラの共同体がなければ成立しない葬礼です。埋め墓と参り墓をもつ両墓制であるとか、そういった伝統文化を維持できないほど共同体が衰退してしまった象徴が「土葬をしなくなった日本人」ということです。元来人は一人では生きられないはずですが、日本も含めた先進国は近代化の中で「一人で生きられる社会」をつくるという、人類史で見ると異様なことが行われました。その中で死の問題は業者が対応することになり、ビジネス的に簡便な火葬が当たり前になりましたが、これでよかったのかという思いを禁じ得ません。地域共同体は一度崩壊したら戻らないということを真面目に考えなければいけないと思います。

（聞き手　小野耕資）

【書評】

『日本の特殊部隊をつくったふたりの異端自衛官』

荒谷卓、伊藤祐靖 著
ワニブックス刊
1,760円（税込）

陸上自衛隊の特殊部隊である特殊作戦群初代群長が荒谷卓氏であり、海上自衛隊の特殊部隊である特別警備隊の創設にかかわったのが伊藤祐靖氏である。本書はこの異端の経歴をもつ二名による、自衛隊とは、そしてなぜ自衛隊を去ったのか、なぜ戦うのか、についての対談である。

国のため、社会のためになることを目指して自衛隊に入った荒谷、伊藤両氏は、自衛隊の内情を知り失望する。戦後、米軍の指導のもと成立した自衛隊は、旧軍との差別化から愛国心はタブーであった。武士道や神道といった思想を持ちこむことも忌避されていた。しかしそれでも特殊部隊創設に尽力する。

遡れば荒谷氏は学生時代、左翼に反発しつつも成田闘争に参加していた。成田空港は皇室の農産物を生産する御料牧場に建設され、そこの農民は満洲開拓に駆り出されるものの敗戦によりすべてを失って引き揚げてきた人々であった。農民は最初は「天皇様に直訴しよう」と考えるなど素朴な愛国心を持っていたが、左翼党派が入り込むことで左派運動と化した運動であった。文武天皇の時代から皇室とゆかりのある地が空港開発により破壊されようとしているにもかかわらず、それを主導していたのが自民党であったため、右派は反対運動に冷淡であった。その結果反対運動は左派に牛耳られ、荒谷氏のように左派ではない学生も参加していたにもかかわらず、そうした動きは退潮し、反対運動は左派セクトに独占された経緯を持つ。成田闘争の歴史は経済成長以外に守るべきものを失った戦後日本の象徴でもある。

両名は自衛隊から離れてからも「人は何のために戦うのか」という問いを考え続けている。国のために自分の命を使ってもらおうと思って入隊したのにもかかわらず、自衛隊のモットーは「国民の生命、財産を守る」であった。国民の生命、財産はたしかに大切だが、それを守るためだけならば、戦争になればとっとと降伏してしまえばよい。しかし、本当に命をかけて守るべきは、日本の名誉や尊厳、そしてその背後にある日本人としての信仰や文化ではないのか？　そのような問いがある。

伊藤氏は退官直後フィリピンのミンダナオ島に行った際に、現地の女性から「あんたは『自分の国を守る技術を習得するためにここに住む』と言っていたが、その土地に本気で生きた先祖が、本気で生きる子孫のために残した掟を捨てるような人たちをなぜ守りたいんだ。あんたも同類の人間か？　もしそうなら、私はそんなやつと同じ時間は過ごさない。どちらかが死ななければならない」と言われて衝撃を受け、日本に帰ることを決断した。「原爆を落とした奴」に従うことに、疑問を持ったのだ。伊藤氏の『国のために死ねるか』によれば、伊藤氏の父は昭和二年生まれで、陸軍中野学校で蒋介石の暗殺という密命を命じられた。敗戦後もその命令は取り消されていないと、訓練を欠かさなかったという。戦前に対する何の総括もないまま、身を捨てるに値する価値観を失った日本において、戦う価値を考え続けている。

それは荒谷氏も同様で、荒谷氏は、小野田寛郎氏が「自然塾」を開設するのを手伝ったとき、小野田氏から「戦後日本は憲法九条がなくたって戦争なんかしないよ。戦争をしてまで守るべきものをなくしてしまったんだから」と言われたという。「戦争をしてまで守るべきもの」を問うと、自然と日本人が培った伝統文化に意識が向く。荒谷氏の『戦う者たちへ』の一節が胸に響く。

「日本人本来の美しくて強い精神文化である『家族のような国を創ろう』という神武建国の精神や、『正しいと信じることを貫き通すためには、自分の肉体の生死など気にかけない』という武士道の犠牲的精神は憲法思想の敵として追い詰められてきた。／経済成長と経済効率がすべてで、何事も金に置き換えて価値判断するようになった戦後の日本人は、金儲けのためには戦うが、公共の理念や正義のためには戦わない。最近は、個人の利益のためにすら戦わない無気力な人間がいるようだが、戦わない種族は保護でもされない限り絶滅する」（／は改行）。

（評者　小野耕資）

村尾次郎著・小村和年編『小咄 燗徳利 昭和晩期世相戯評』（錦正社、2420円）

著者の村尾次郎は、東京帝国大学文学部国史学科に進学後、平泉澄博士の内弟子となった古代史専攻の研究者であり、家永・教科書裁判では、被告の国側証人として東京地裁の法廷に立った。メディアからは右寄りの反動の急先鋒と見なされて攻撃された。

村尾は、昭和五十三年十月から平成元年二月まで、『月曜評論』の「声ある声」欄で五百三十回にわたって連載を担当した。本書はそこから自選された二百五十八編を年代順に収めたものである。本書は著者と同じく平泉門下で、広島県呉市長を務めた小村和年氏の発案で世に出ることになった。構想から四半世紀を経て、ついに刊行されたことを祝したい。小村氏が〈どの章も洒脱な文章の中に「良き国風を享け且つ伝へる」といふ気概が溢れてをり、読む者に何とも云へぬ爽快感を与へてくれる〉（二百八十四頁）と書いている通り、反國體派に対する痛烈な反撃に爽快感を得ることができるだろう。

昭和六十一年三月には、家永裁判の第一次訴訟（教科書検定をめぐる文部大臣の措置により精神的損害を被ったとして提起した訴訟）第二審で、家永が全面敗訴した。村尾は同年四月七日に、「二十一年にわたる角力の幕となる。思へば長い勝負であつた」と書いている（二百頁）。村尾は同年六月九日には、「日本を守る国民会議」による教科書「新編日本史」の編集方針について〈大賛成。これ、当り前のことだが、かういふのが新聞で「復古調」だなんて騒がれるんだから、世の中、左に巻き過ぎてるな〉と嘆いている（二百四頁）。

昭和六十年三月に、国語審議会が「改定現代仮名遣い（案）」を発表し、付表に現代音韻に対する正仮名の欄を設けると、〈お手柄といふべし。だが、安心するなあ、ちくと早いよ。例の「じ・ぢ」「ず・づ」問題が残つとる〉と書いている（百七十頁）。

元号法制化についても、「トットとやんなトットと」（十一頁）と尻を叩き、地名の消滅については「いったい、日本はどこへ行くんだよう」と憂いている（百十六頁）。

本書は、左派のイデオロギー的反発がいまだ強い時代、「良き国風」恢復を目指して村尾が闘った言論戦の貴重な記録である。

（評者　坪内隆彦）

昭和維新顕彰財団

大夢舘日誌

令和四年十二月～令和五年一月

一般財団法人昭和維新顕彰財団は、神武建国から昭和維新に代表される「日本再建運動」に挺身した先人の思想と行動を顕彰・修養・実践を行うことを目的に設立され、会員、有志の方々の支援により、これまでに様々な活動を行ってきました。

「大夢舘日誌」は、事務局のある岐阜県の大夢舘から、財団の活動について報告していきます。この日誌によって、財団に対する一層の理解が頂けましたら幸いです。

十二月三日

当財団評議員・中川正秀氏（大夢舘議長）が塾長を務める「日本を學ぶ有志の會　敷島塾」の主催で、第四回の勉強会「日本を楽しく有意義に学ぶ会」が、富山県南砺市において開催された。来賓は南砺市市長・田中幹夫氏、富山県議会議員・武田真一氏、安達孝彦氏。

福野神明社宮司・河合正登氏が「皇位の継承について」と題して講演を行い、八十名の参加者が理解を深めた。

十二月十九日

岐阜護国神社内にある「大夢の丘」の清掃奉仕を実施した。雪がちらつく中での活動であったが、事務局と有志で行い、無事に終えることが出来た。

一月六日

当財団評議員・鈴木田遵澄氏（大夢舘舘主）は、氏

が推進している「英霊顕彰プロジェクト」の第二弾、『貴方を忘れずに居させてくれる神社』の動画完成に伴い、八十名の支援者に対し礼状及び返礼品の送付を始めた。なお、動画サイトでの再生数は一月二十九日時点で一万回を超えている。

一月十二日・一月十五日

鈴木田遵澄氏以下七名の有志は、熊本市住民自治条例の改正案に疑義を抱き、熊本市当局に聴き取り調査を行った。

条例改正案には外国人を市民とする事が明記させることになっており、市民としては外国人参政権への布石になるのではないかとの懸念が広がっている。

後日、熊本市議会議員全員に対し、自治条例改正案の賛否を問うアンケートを送付し、あわせて外国人参政権のアンケートも実施した。

一月三十日

岐阜護国神社内に開館予定の「青年日本の歌史料館」へ、史料、展示品の移動が概ね完了した。開館は今年の五月十五日であり、大夢館内に設置予定の史料室「忠節文庫」の整理も含め、引き続き作業を行っていく。

史料館外景。扁額は本誌題字の書家・柳田泰山氏による揮毫

頭山満、犬養毅、橘孝三郎、井上日召の書画等の展示

史料館内景

三上卓書「青年日本の歌　十幅」

活動報告

・オンラインで維新と興亜塾　**八紘為宇と王道アジア主義**第一回（講師：坪内隆彦）開催。（一月二十日）

・折本龍則発行人が参院議員会館で参政党運営党員に「**日本を救う水戸学の思想**」と題し講演。（一月二十五日）

・「**令和の國體論　國體観なき保守の時代は終焉する！**」と題し中央区日本橋で維新と興亜講演会を実施。折本発行人による水戸学の講演、坪内編集長による尾張学の講演を実施した。（一月二十八日）。

・千葉県庁で折本発行人が記者会見。今春の統一地方選において、浦安市選挙区から**千葉県議選**に出馬することを表明。防災や教育問題、学校給食での有機食材使用促進等に取り組む。（一月三十日）

・星稜会館にて**紀元節奉祝式典**。記念講演は長浜浩明氏（歴史研究家・評論家）による「科学が明かす　神武天皇と日本の建国」。折本発行人、坪内編集長、小野副編集長、出見記者が実行委員として参画。（二月十一日）

・日本学協会主催の**寒林祭**が開催され、㈱良知経営代表取締役社長の**濱田総一郎氏**が講話。坪内編集長と小野副編集長が参加。（二月十二日）

※活動はyoutube「維新と興亜」チャンネルでも公開

読者の声

■「日本人全体の6割に当たる7200万人が餓死する」。第16号に掲載された鈴木宣弘教授の「誰が日本の農業を破壊したのか」を読んで、日本の農業が危機的状況にあることがわかりました。「保守」と呼ばれている人たちこそもっと危機感を持つべきですね。（近藤信明、会社員）

■「農本主義者・橘孝三郎の『土とま心』に学べ」はとても面白かった。『文化防衛論』など三島の著作は一通り読んだが橘孝三郎の影響については知らなかった。改めて三島の著作を読み返してみたい。（気賀隆俊）

■韓国では核兵器の国内配備に賛成する世論が7割を超えています。この問題についても『維新と興亜』で取り上げてください。（金沢公一、学生）

読者の皆様からの投稿をお待ちしています。
二百字程度の原稿をお送りください。
mail@ishintokoua.com

編集後記

★本誌らしく國體を前面に出した特集を組みましたが、このテーマで語っていただける政治家の少なさを実感しました。いまもなお國體は政界のタブーなのでしょうか。だとすれば、今回ご登場いただいた方々は誠に勇気のある政治家ということになります。勇気ある発言を是非お読みください。

★一水会顧問の鈴木邦男さんが一月十一日に亡くなりました。謹んで哀悼の意を表します。令和元年に本誌同人の企画で展転社から刊行していただいた『権藤成卿の君民共治論』には、鈴木さんが昭和五十二年十月に発表した論稿を再録させていただきました。鈴木さんの思想と行動については改めて次号で取り上げる予定です。

★新連載が三つ（山崎行太郎先生、屋繁男先生、坪内隆彦）始まりました。ご期待ください。

★今月号から表紙は古村奈々さんによるデザイン。和紙、桜、富士山をあしらい、和の雰囲気を出していただきました。（T）

≪執筆者一覧（掲載順）≫

坪内隆彦　（本誌編集長）
折本龍則　（浦安市議会議員・崎門学研究会代表）
小野耕資　（本誌副編集長・大アジア研究会代表）
城内　実　（自民党衆議院議員）
神谷宗幣　（参政党参議院議員）
福島伸享　（衆議院議員）
立花孝志　（ＮＨＫ党党首・前参議院議員）
百地　章　（日本大学名誉教授・国士舘大学客員教授）
金子宗德　（里見日本文化学研究所所長・亜細亜大学非常勤講師）
梅澤昇平　（尚美学園大学名誉教授・友愛労働歴史館研究員）
山崎行太郎　（哲学者）
屋　繁男　（歌人・評論家）
倉橋　昇　（歴史学者）
木原功仁哉　（祖国再生同盟代表・弁護士）
川瀬善業　（株式会社フローラ会長）
森田忠明　（一般社団法人日本経綸機構前代表理事）
玉川可奈子　（歌人）
福山耕治　（医師）
三浦夏南　（ひの心を継ぐ会会長）
田口　仁　（里見日本文化学研究所講学生）

道義国家日本を再建する言論誌
維新と興亞　三月号
令和五年二月二十八日　発行
編　集　崎門学研究会　大アジア研究会
発行人　折本龍則（望楠書房代表）
〒279－0001
千葉県浦安市当代島1―3―29アイエムビル5F
TEL　047―352―1007（望楠書房）
Email　mail@ishintokoua.com
URL　https://ishintokoua.com
印　刷　中央精版印刷株式会社

※　五月号は令和五年四月発行

ISBN978-4-910773-10-0
C0095 ¥650E

9784910773100

1920095006505

望楠書房
定価：[本体 650 円＋税]

維新と興亜

令和五年三月号【第十七号】

定価：[本体六五〇円＋税]